2012年广东省高等院校学科建设专项资金人文社会科学重大攻关项目“岭南文化精品外译研究”（2012ZGXM_0008）成果

经典新闻学译丛 · 丛书主编 王 海

中国新闻简史
（古代至民国初年）
The Journalism of China

柏德逊 著 王 海 刘栗杉 丁 洁 译

暨南大學出版社
JINAN UNIVERSITY PRESS
中国·广州

图书在版编目（CIP）数据

中国新闻简史（古代至民国初年）/（美）柏德逊著；王海，刘栗杉，丁洁译. —广州：暨南大学出版社，2013. 3
（经典新闻学译丛）
ISBN 978-7-5668-0775-5

Ⅰ. ①中…　Ⅱ. ①柏…②王…③刘…④丁…　Ⅲ. ①新闻事业史—中国—古代②新闻事业史—中国—民国　Ⅳ. ①G219. 29

中国版本图书馆 CIP 数据核字（2013）第 228425 号

出版发行：暨南大学出版社

地　址：中国广州暨南大学
电　话：总编室（8620）85221601
营销部（8620）85225284　85228291　85228292（邮购）
传　真：（8620）85221583（办公室）　85223774（营销部）
邮　编：510630
网　址：http：//www. jnupress. com　http：//press. jnu. edu. cn

策划编辑：杜小陆　史学英
特约编辑：许莲华
责任编辑：陈绪泉
责任校对：王　滢

排　版：弓设计
印　刷：佛山市浩文彩色印刷有限公司

开　本：787mm×960mm　1/16
印　张：11. 5
字　数：148 千
版　次：2013 年 3 月第 1 版
印　次：2013 年 3 月第 1 次

定　价：28. 00 元

序　言

本书为2012年广东省高等院校学科建设专项资金人文社会科学重大攻关项目“岭南文化精品外译研究”（2012ZGXM_0008）的阶段性研究成果。该项目是在国家哲学社会科学“繁荣计划”和“走出去计划”，以及广东省颁布的《广东省建设文化大省规划纲要》等相关政策性和纲领性文件的基础上，为响应国家建设“文化强国”的大政方针，促进广东省乃至国家的社会和经济发展而设立的。该项目希望通过系列的理论研究和翻译实践，发掘广东的历史文化资源，发展岭南特色文化，树立鲜明的岭南文化形象，进而提升广东省在海内外的文化地位，为广东省乃至整个国家的社会、经济、文化各方面发展作出贡献。

《中国新闻简史（古代至民国初年）》（*The Journalism of China*）是柏德逊（Don Denham Patterson）教授担任上海《每周评论》（*The Weekly Review*）财经新闻编辑及业务经理并在上海圣约翰大学新闻系执教的三年内（1919年8月至1922年7月），对中国新闻事业发展状况观察和研究的成果。该书回顾了20世纪20年代之前中国新闻事业的发展史，尤其对中国现代新闻事业发展时期颁布的相关新闻法规进行了较为详尽的论述。柏德逊对中国新闻史的若干话题都提出了独特的见解，对研究中国新闻事业的发展史有重要的参考价值。尤其值得注意的是，原著作者柏德逊是外籍人士，此书与其他由中国籍人士撰写的同类新闻史学著作在视角、关注重点等方面均有所不同，对我们重新认识和了解中国新闻的历史有一定的价值和意义。

此外，阅读本书可以帮助我们更好地了解外籍人士眼中的中国新闻发展史。

本书由王海教授带领在读的翻译学硕士研究生（MA）和翻译硕士（Master of Translation and Interpreting，简称 MTI）翻译而成。MTI是国务院学位委员会于 2007 年批准设立的专业硕士学位，目前全国有 159 所培养单位。设立该学位的目的是适应国家经济发展和对外交流过程中对职业翻译人才的需求，为社会培养高层次、应用型的专业翻译人才。作为专业硕士学位，MTI 非常强调翻译实践的重要性，在课程设置、教学方法和教学模式、毕业论文设计等环节都与传统的学术型硕士学位教育不同，重视学生的知识运用能力，通过各种渠道培养学生的翻译实践能力和对翻译行业的了解。MTI 培养过程中的一个重要组成部分就是将翻译行业中的真实翻译项目融入翻译教学过程中，由指导教师带领或指导学生完成具体的翻译项目，将课程学习和实践练习相结合，培养学生综合运用翻译知识和技能解决实际问题的能力。本书就是在这样的理念下完成的。我们相信，通过参与这样的翻译项目，MTI 学生不但能提高其翻译实践能力，更能对翻译行业的整个业务流程以及职业译员的工作性质、工作状态和要求有一定了解，从而为毕业后顺利进入翻译行业，成为市场需要的职业笔译员或准职业笔译员，服务于整个国家的社会经济文化发展打下坚实的基础。

是为序。

广东外语外贸大学　穆雷

2012 年末于白云山下

编者按：本书是作者担任上海《每周评论》（*The Weekly Review*）财经新闻编辑和业务经理并在上海圣约翰大学新闻系执教的三年内（1919 年 8 月至 1922 年 7 月），对中国新闻事业发展状况观察和研究的成果。

目　录

第一章　引　介

作为事实的记录者、社会的镜子、预言家、审判式的倡导者和新闻的供应者，新闻机构比其他任何社会机构都更能反映和诠释所在国家和组成其受众的人民的情况。对不同国家的报刊进行比较研究，虽然有些仓促和草率，但这样的研究可以说服持怀疑态度的人们，在研究一个国家的报刊的特征和本质之前，有必要获知这个国家相关的社会、经济和政治背景。新闻必须成为民有、民治、民享的行业，唯有如此，新闻业才能实现其最高目标和任务。

中国的新闻事业体现着中国在经历的不同阶段所展现的不同特征，以及所面临的各种不确定的因素。政治的动荡、社会的进步、对现代商业和教育的追求，还有国际舞台上的多重外交困局，这些都被记录在国家的杂志、报纸和其他媒介中。

中国既是一个文明古国，又是一个发展尚不成熟的新生现代国家。这个国家正在逐渐转型，它必将从几千年的传统中破茧而出，迎接现代文明和制度的曙光。

孔子是中国最早的历史学家，他很反对源于传说和神话的史料，于是主持编撰《书经》，记录自公元前2357年尧帝时期以来的历史。中国的社会生活深深扎根于这些从远古时期传承下来的传统之中。今天，只有通过诸如解放女性这样的社会运动，以及政府机构的改革来破除这种与旧传统的联系，才能将这个有君主专制传统的国家真正转变为人民的国家。

中国幅员辽阔，包括周围的附属国及满洲、蒙古和西藏等省份在内，国土面积达到420多万平方英里。在这片国土上生活着近4亿人口。在这接近4亿的人口中，有三分之二集中在三分之一的国土上，以江河及沿海地区的人口最为密集。

在中国420多万平方英里的国土上，只有总长7 000英里的铁路，这个国家的交通主要还是依靠水运。在华北，骆驼穿行于广袤的平原与沙漠。在公元以前，人们就开始利用这种交通工具出行，直到现在。人们要进入一些内陆地区，甚至只能依靠小推车、轿子、马匹和马车。曾经构成主要交通网络的道路、帝国邮政系统和军用公路都已荒废，变成了人行小道，有的还遭到了彻底的毁坏，较为现代的公路加起来总长也不过几千英里。

中国是个多民族的国家，曾经征服这个国家的不同民族经过漫长的过程，最终与本土的民族相互融合。满族人、蒙古人、鞑靼人，以及一些原始部落都对民族融合作出了贡献，因此中国人当中至少包含50个民族。

这种民族和部落的融合产生了方言和口语的差异，广东人听不懂“京片子”，甚至上海当地人都无法听懂自己城市里其他人说的话。当然，除了方言之外，还有一种被当作标准的普通话，普通话被用作官方语言，得到广泛的认可。但就算是普通话，也会存在南北差异，还有西部的口音。

沟通的匮乏，加之语言不通，带来了很多的困难，书面语言也存在障碍。中文没有西方文字所使用的那种字母，而是由一些基本的偏旁部首组成的表意的象形文字，各种组合加起来可以造出超过4万个汉字。孔子在著作中能够运用2万到3万个汉字，而今天中国的许多知识分子却可能因为词汇量不足而读不懂前人用本国的语言写的书。大多数人未受过教育，只有不到10%的小部分人能够认识简单的字、阅读口语化的文章。尽管中国现在有超过100万的学生在课堂里学习，但要改善这种大众文盲的状况，还需要相当长的时间。有人尝试将36个语音字母引入汉语，一些期刊和书籍已经使用这种字母系统进行印刷出版，但是这一尝试并未获得普遍的成功。中国的知识分子推崇现在这种汉语书写系统，它不仅能体现美妙的思想，还能保留汉语的语义色彩。然而这种做法对于语音字母系统的采用而言却是根深蒂固的障碍。

中国的社会生活是以家族为基础的，家族成员拥护并忠于家族领袖，家族成员对其家族领袖的忠诚取决于家族成员的社会地位及其财富。家族是第一位的，然后依次是社群、地区和国家。只是在近些年，外国人才来到中国较为开放的地方，中国人也走向国外，拥有了更多先进的社会观念，例如女性解放和自由被普遍认可，女性拥有了与男性相对平等的地位。但是沿海地区的思想文化还是很难渗入中国的内陆地区，在那些地方，人们过着与100年前甚至更久以前一样的生活。

1911年10月以来，中国名义上成为一个共和政体的国家，拥有宪法，表面上实行分权制度。但实际上，中国仍处于一种极其混乱的状态：政府混乱、派系斗争，还有很多军阀分裂势力。外国列强将北平视为中华民国的中央政权所在地，然而北平却不得不寄希望于中华民国那些位高权重和有声望的政治人士。与中华民国北平政府同时存在的还有广东的反对政府，这个政府由中华民国的部分创立者主导，这个政府在一些省份，尤其是华南地区具有一定的影响力。

中华民国成立后，国家对各个省的管理权逐渐转移到两种地方官员，即军事总督和省长的手中。军事总督凭借手中拥有的大量部队，权力很快超越省长，使省长成为政权傀儡，而总督则至少能管理其行政区域。因此，中国拥有了世界上最大规模的常规军队。军事总督很快掌管了一切事务，成为实质上的贵族或军阀。他们根据自己的需求和政治立场，或拥护、或背离北平政府，以自己认为合适的方式统治人民。中国因此成为一个类似于欧洲封建时期的国家，德国和意大利也在中国身上看到了它们统一前的影子。

军阀和官僚对经济的野心造成了民国政府的财政窘境和破产的状况，对国库的监管不力也导致了这种情况。税收大多成为军阀们牟取私利的手段，而没有任何酬劳的反抗军队则对各省区商人和民众的财产与生活构成了威胁。

伴随着这种政治内忧的还有外患。在国际上遇到的困难使中华民国丧失了土地，例如将台湾割让给日本，对外开放通商口岸，一些得到默许的国家在这些通商口岸设立租界。上海作为中国最大的商业中心，由三个租界①组成。一个是上海公共租界，这里由代表外国权益的上海公共租界工部局管理。在上海公共租界里，中国完全没有话语权，租界的终审法院“会审公廨”是一个由14个国家的代表组成的领事团。另一个是法租界，也是由外国代表委员会“公董局”管理，并直接由法国政府统治。上海还有一部分是中国人的区域，由省府指派的官员进行管理。除了租界的问题之外，还有许多其他的国际争端，例如山东问题和满洲辽东半岛割让的问题。

中国在其近代商业和工业的发展历程中取得了长足的进步，上海成为世界上最大的航运中心之一。此外，中国建造了许多纺织厂和植物油加工厂。这些领域都渗透了最新的思想观念。造船业开始兴盛，生丝的生产技术得到了革新，铸铁厂得以建立，面粉厂将产品出口至欧洲。所有这一切都展现出进步的势头，成为经济复苏的象征。然而，这样的发展趋势仅限于通商口岸以及沿海、沿江的省市，如广东、上海、汉口、天津、无锡和南通州，而内陆的城市依旧与过去的几百年一样以家庭手工业为主。个体的生产和近代的工

---

① 上海公共租界由原英租界与美租界于1863年合并而成，是近代中国的两个公共租界之一（另一个是鼓浪屿公共租界），与上海公共租界并存的是上海法租界。这里所谓上海的三个租界应该指原英租界、美租界和法租界。——译注

业生产共存，但尚未被近代工业取代。商业活动逐渐频繁，并渗透到内陆。由于外国商品的销售，这些商业活动甚至渗透到了最偏远的地区。随着工业的发展，实业教育以及在蚕丝、棉花和小麦等领域实行商业试验的观念开始兴起。伴随近代化事业进步的还有劳工问题，这在一些著名的运动中显露出来。

中国教育也在快速地发展，人民对学者的尊敬以及外国传教士建立的各种中学、学院和大学都为中国教育事业的发展注入了动力。尽管这些学校的组织和管理并不像西方那样好，但是人们有发展教育的愿望，并且这种愿望正被迅速实现。在中国，读书人一直都处在社会体系的顶端，封建朝廷的官员都是通过严格的科举选拔，在最艰难的条件下，与全国各地成千上万的人一起竞争，最终脱颖而出的。这种对学问的敬重延伸到了人们对读书写字和印刷术的尊敬之中，因此，许多年来，人们都在努力学习语言文字，普遍文盲的情况因为这一不可避免的教育发展趋势而得到了改变。

在过去的二十年间，由于教育、商业和政治环境的变化，中国的社会舆论有了显著的发展。1894 年中日战争结束之际，中国社会的舆论开始发出声音。社会舆论的发展因为中国与朝鲜半岛的争端而加速，这种发展也标志着封建王朝的衰落。此后，全国各地爆发动乱，义和团运动引发了一场改革运动，掀起了一股反封建的潮流，随后又发生了各种运动。这些反封建运动从 1907 年一直持续到 1911 年的大革命，这股反封建的潮流迅速发展，蔓延到中国的大部分土地上。最终，满族统治者被推翻，一个实行民主共和的政府宣布成立。

第二章　中国新闻简史

中国历史悠久，根据孔子的记载，中国具有真实性的新闻可以追溯到公元前2357年的尧帝时代，然而中国新闻的起源尚无准确定论。世界上最早的新闻事业的发展就出现在这个古老的时代，但直到公元元年之后，新闻事业的发展脉络才逐渐清晰。

相传，在早期还没有出现有组织的新闻事业时，中国就出现了口头传播的新闻形式，这种新闻传播形式后来传到了欧洲。当时，由个人进行口头新闻传播，人们四处收集各种信息和小道消息——通常小道消息会更多——然后由这些信息的收集者在茶馆里跟大家讲述。中国的茶馆是英国咖啡馆的前身，英国咖啡馆在约翰森（Johnson）[①] 和艾迪生（Addison）[②] 的时代得到了进一步的发展，也是各个阶层的人聚集在一起传播消息的地方。早期这些新闻消息的传播者获得的报酬是向听者收集来的。

另传，有一些四处收集新闻的小贩效仿这种口头传播新闻的形式，他们将收集到的消息写在一片薄薄的竹片上，并将竹片固定在竹竿上，然后将竹竿插在脖子后面的衣服里，就像船上的风帆一样。然后，新闻小贩们走上街头，敲锣打鼓，吸引大家的注意力。人们

① 约翰森（Samuel Johnson，1709—1784），英国诗人、散文家、伦理学家、文学评论家、传记作者、词典编纂家。约翰森博士去世后，被誉为英国文学史上最具影响力的文学评论家。——译注

② 艾迪生（Joseph Addison，1672—1719），英国散文家、诗人、剧作家和政治家。与挚友理查德·斯梯尔（Richard Steele）共同创办了《观察家》（*Spectator*）杂志。——译注

聚集到新闻小贩的周围来看消息，这样，新闻信息就得到了传播。新闻小贩从观众们那里得到报酬，以此为生。据说今天在一些内陆的边远地区还存在着这样的新闻传播方式。①

有组织的新闻传播活动最早出现于公元前 206 年至公元 220 年的汉朝，在这期间出现了一种叫《月令》（*Miscellanies*）② 的月刊，这份刊物属官办性质。根据当朝的规章制度，发布官方消息应当经过这一正式公布的过程。还有其他的相关研究对该时期的新闻业作

---

① 柏德逊认为民间收集新闻的方式是中国口头传播时期的新闻传播主渠道，有失偏颇。中国近现代的很多学者都认为，春秋时期，每年的春、秋季节，统治者会指派官员到乡下收集民谣，这在当时是一种惯例。林语堂在《中国新闻舆论史》中引用《左传》证明，遒人（现代汉语中“邮差”的意思）的作用就是在每年开春第一个月到乡下巡视，并且向皇上汇报乡下的情况（《左传》引《夏书》曰：“遒人以木铎徇于路，观师相规，工制艺事以谏，正月孟春，于是乎有之。”）。刘歆（公元前后）给扬雄的信，以及应劭(2 世纪)《风俗通义》的序言都陈述了公元前统治王朝的采诗官在每年的第八个月份到乡下巡视并收集方言、歌谣和民谣素材的史实（刘歆《与扬雄书》曰：“三代周秦轩车使者，遒人使者，以岁八月巡路，宓代语童谣歌戏。”）。对于乐官而言，向皇上呈现当下歌谣和民谣的内容，以便皇上知晓乡下的实事，似乎成了一种风俗。春秋时期发生的这些新闻采集活动形成了中国最早的官方史实记录，即众所周知的《春秋》。它不仅记录了孔子出生地鲁国的史实，而且也记录了除秦国和楚国之外其他国家的史实，秦国和楚国有另外的官方史实记录。《墨子》的引录可以反映当时新闻收集的价值和意义：“日中，杜伯乘白马素车，朱衣冠，执朱弓，挟朱矢，追周宣王，射之车上，中心折脊，殪车中，伏弢而死。当是之时，周人从者莫不见，远者莫不闻，著在周之春秋。……燕简公方将弛于祖涂，庄子仪荷朱杖而击之，殪之车上。当是时，燕人从者莫不见，远者莫不闻，著在燕之春秋。……袾子举揖而槁之，殪之坛上。当是时，宋人从者莫不见，远者莫不闻，著在宋之春秋。……读中里徼之辞未半也，羊起而触之，折其脚，祧神之而槁之，殪之盟所。当是时，齐人从者莫不见，远者莫不闻，著在齐之春秋。”——译注

② 根据汪英宾《中国本土报刊的兴起》（Y. P. Wang, *The Pise of the Native Press in China*, Columbia University, New York, 1924）的论述，《月令》发布当月重要的政治活动。在每月的第一天，当班的编辑官员负责向主管大臣呈送本月期刊，而主管大臣负责向朝廷呈送供御览的期刊文本。《礼记》中的月令是上古的一种文章体裁，按照一年 12 个月的时令，记述政府的祭祀礼仪、职务、法令、禁令，并把它们归纳在五行相生的系统中。除现存《礼记》中有一篇《月令》之外，还有《逸周书》中的一篇《月令》，不过后者已经失传。——译注

出了不同的阐述。[1] 研究认为，每个诸侯国的封建领主均在都城设立办事处，最先设立在陕西省的西安府，后来在河南洛阳也设立了一个。诸侯们到都城时，这些办事处就被用作住所。一种报刊会由这个办事处发行并送到各个诸侯国，这些报纸被称作《阁报》。“阁”是这种办事处的建筑名称，“报”在中国是对报纸和期刊的通称。《月令》和《阁报》可能存在于同一时期，前者发布朝廷命令或者呈递给皇帝的奏折的相关细节，更像是内容的汇编，并不一定符合封建诸侯的兴趣。由于当时雕版印刷术尚未问世，因此这些封建诸侯有专门的书记员书写《阁报》。

汉朝的新闻传播活动为有关中国早期新闻事业活动的假设提供了有力的证明，佩雷·L. 理查德（Pere L. Richard）在其著作《中国地理大全》（*Comprehensive Geography of the Chinese Empire*）中对汉朝的相关记载进行了概括。书中写道：

> 中国有大量公共工程得到建设，其中最突出的是桥梁、水渠、公路和运河。同时，随着国家贸易得到发展，经济实力不断增强，文化经典得到复兴，经典作品被雕刻在石头上。佛教文学正式传入中国，中国开始与罗马帝国有了交往。汉朝开始实行文人的竞争性选拔考试，并开始起草刑事法典。汉朝多年和平，国家昌盛，间或有游牧民族鞑靼人的侵入。现在的福建、广东、云南、四川和辽东都是由当时的中华帝国并入疆域的。中国军队的远征到达了里海，中国成为东方占据首要地位的国家。

---

① 白瑞华在《中国报纸（1800—1912）》（*The Chinese Periodical Press*）中的相关论述如下：在公元前206年至公元220年汉王朝统治时期，一种周密的手抄记事机制应运而生。或许，长安和洛阳的汉语抄写员就像罗马的誊写员那样为地方订户提供抄写服务，而且很大程度上按照同样的方式进行。——译注

迄今尚无史料表明，在恺撒大帝于公元前 60 年下令逐日颁布《每日纪闻》（*Daily Acts*）或称《罗马公报》（*Acta Diurna*）以记录罗马帝国议会消息之前，中国就有每日发行的报纸。中国的日报出现在较晚的时期。《月令》可能不定期发行，后来才有了更大的发展。唐玄宗开元（年号）年间（713—741），法国驻广州领事于雅乐（Huart）先生以开元为名，为公元 7 世纪出现的《月令》作了注释。

虽然世界上第一份日报并没有诞生在中国，但是中国的《京报》是世界上生存时间最长的日报。"京"是对中国首都的称呼，"报"有"宣布"、"报告"之意。《京报》于公元 620 年至 907 年的唐代创办，直到 1911 年，它才和清王朝这个封建王朝一起覆灭。①

根据中国历史学家的记载，唐朝相继出现了三种报纸，即宫门抄、辕门抄和邸抄，这些报纸统称邸报，就是《京报》的前身。这些历史学家同时也是发布官方信息的权威人士。各诸侯国从此时起通过这种文学小册子上登载的文章开始了新闻传播活动的实践。其他史料显示，唐玄宗在位时（712—756）创立了邸报（《京报》），还设立了翰林院。

唐朝末年，雕版印刷术首次用于书籍的印刷，印刷所用的墨出现得更早。数年前，纸张就在其原产地印度得到了使用。根据中国史料的记载，雕版印刷术的发明者是一位名叫冯涛的学者（卒于 954 年）。还有传言说，雕版印刷术可追溯至隋朝，即 581 年至 618

---

① 此处和下一段的论述有误。唐朝开始出现的"邸报"在清朝早期更名为"京报"。白瑞华《中国报纸（1800—1912）》的论述是："传统上，新闻信总称邸报。在以后的几个世纪里，邸报等同于帝都报道或者都市报纸。但是，在汉朝和唐朝，邸是省级大臣出差到京城或者常驻京城的代理人的寓所或下榻之地。传统上来讲，邸报因在这些地方传抄、编辑和发行而得名新闻信。'京报'的名字似乎在清朝早期流行起来，源于一家著名印刷房'荣禄堂'使用这个名字作为新闻纸的名称。驿报和塘报等指由驿站发行给大臣们的报纸，提塘掌管驿马。在所有这些名称中，'钞'或'抄'这个字眼可以与'报'交换使用。但是，如果加以区分的话，钞报可能是在各省府重新印刷或者复制的报纸，而不是在北京印制出版的。"——译注

年。冯涛去世六年后，宋朝建立，雕版印刷术被广泛采用。

雕版印刷术的方法如下：

将需要印刷的文字写在一张透明的纸上，然后将写好字的纸正面朝下贴在一块木头上。雕工使用适宜的工具将纸张和木块的多余部分切去，浮雕出要印刷的文字，制成印刷所需的雕版。为雕版上墨后，将空白纸张铺在雕版上，用刷子刷纸张表面，使其与沾了墨水的雕版表面贴近，完成印刷过程。印刷每页纸都需要一块单独的雕版。雕版印刷适用于中文的印刷，由于成本较低，较为贫穷的人们也能拥有书籍。在今天中国的部分地区，一些出版商还负担不起现代印刷机的费用，因此还在使用雕版印刷术。

根据中国历史的记载和国外的研究，活字印刷术也起源于中国。卫三畏（Samuel Wells Williams）① 在《中国总论》（*The Middle Kingdom*）中将这一发现归功于一位名叫毕昇的铁匠。书中写道：

第一个发明活字的荣耀无疑归于中国铁匠毕昇，他的生活年代大约在公元1000年，比古腾堡在美因兹切削字模早500年。毕昇的活字是用胶泥做的，一盘软泥刻好后经火烧变硬，就可以成型。这些瓷活字摆在有铁框的铁板上，注入蜡、松香和灰作为胶结剂，使

---

① 卫三畏（1812—1884），19世纪美国遣华传教士、汉学家、语言学家，有美国“汉学之父”之称。1833年6月15日，卫三畏受美国公理会差会派遣，前往中国广州负责印刷。从1848年到1851年编辑《中国丛报》（*Chinese Repository*）。1853年，作为翻译参加了马休·佩里远征日本的行动。1855年任美国驻华专员署（广州）秘书，次年完成英粤字典《英华分韵撮要》的编纂。第二次鸦片战争时期任中美《天津条约》谈判的美方副代表，要求中国对基督徒宽容。1860年任美国驻华公使馆（北京）临时代办，1876年10月25日退休。1877年返回美国，任耶鲁大学汉学教授，成为美国第一位汉学教授。1881年2月3日任美国圣经公会主席。1884年2月16日病逝。著有《中国总论》、《拾级大成》（Eassy Lessons in Chinese）。1875年在中国将《圣经·创世纪》和《圣经·马太福音》翻译成日文，但尚未出版手稿就不幸被烧毁。——译注

之固定下来。印刷时用压磨的办法，印好后溶解胶结剂，字模就松开，清洁后备下一次再印。

这一发明似乎实际应用以代替木板印刷……①

卫三畏先生曾到中国做过印刷工，并成为在中国语言和文化方面最博学的外国学者。关于中国的造纸术，他认为："纸张大约在公元1世纪被发明，棉纸由印度传入中国，此前人们已经使用了一百年棉纸。"中国的纸张最早是用将竹子碾磨后形成的木质纤维浆做成的。中国人将造纸术的发明归功于蔡伦（公元75年）。

金属活字印刷术似乎首先出现于朝鲜。弗兰克·L. 马丁（Frank L. Martin）在《密苏里大学简报》上发表的《日本新闻史》（*The Journalism of Japan*）一文中引用了英国驻华公使萨道义（Ernest Satow）② 的文章。萨道义是为日本亚细亚学会写作该文章的，其大意是说这种印刷术于1403年永乐帝在位时开始采用金属铜。据现存关于中国最早的金属印刷版的记录，金属印刷版是为康熙皇帝制作的。在天主教传教士的建议之下，康熙帝采用了250 000个铜质印刷模块，用于印刷官方资料，这些资料至今保存完好。康熙帝的后嗣将其印刷所用的模板熔化以制作钱币，但是康熙的孙子乾隆皇帝则下令将印刷雕版制作成大号的铅版，为朝廷印刷书刊和公告所用。

清朝早期，《邸报》更名为《京报》后，即采用这种印刷方法。《京报》的实力和影响力逐渐增强，1833年4月出版的《中国丛报》对《京报》作出如下评论：

《京报》由官方在北京发行，因此被称为"京报"。"京"寓意

① 此段译文摘自［美］卫三畏著，陈俱译，陈绛校：《中国总论》，上海古籍出版社2005年版，第416~417页。——译注

② 萨道义（1843—1929），英国外交官，曾任驻华公使，代表英国政府与中国签订《辛丑条约》。——译注

宏伟，在中国通常用来指王朝的都城；"报"为"宣布"、"报告"之意。在地方，《京报》被称为"京都幕阁抄"，简称"京抄"。《京报》由京城不定期发往各地，但是发行范围很小。《京报》从北京到广州需要四五十天，有时甚至需要60天。京报发行有两种形式，但都是手抄的。最大型的《京报》是每日发行，每份大约有40页，12开。最小型的大约有10页到15页，仅两天发行一次。最大型的《京报》仅供最高的官员阅读，例如地方长官、总督等。经过删减的版本供各地方低一级的官员阅读。一些与地方官员有联系的作者会以高价将删减过的京报卖给普通大众。还有一些人将《京报》以低价租给他人阅读。在京城有朋友的富人有时也能通过私底下的渠道直接从京城拿到完整版的《京报》。

《京报》最初完全是为了朝廷官员而创办的，法令不许对民众发行，这个规定类似于英国的议会演讲。中国的报纸基本不会谈论政府的各项事务。但是《京报》上有许多吸引人的重要信息，其印刷和发行的时间和范围都超过人们的预期。从某种程度上来说，《京报》公开地向世界展现了中国皇帝及其大臣的愿望和期盼，以及中国人民的各种事件和中国对外交往的情况。

官员的升迁、任免、调动、奖惩或流放于荒野（genii）① 等都是《京报》的主要内容，而这些内容并不能吸引对相关中国国情并不了解的外国读者。

在中国，皇帝会发布自己的圣谕，即通常以他的名义发表的意见和决定。《京报》内容因为在位皇帝的不同性格或者同一位皇帝在不同时期的态度会有所差异。已故的皇帝会在其在位的后期因感到不安而写下很多文字，而现任的皇帝则不会经常提起朱笔写文章，不会像父皇那样著述很多。御史是皇家的史官，也是新闻审查官，

① genii一词指"死亡"，是由鞑靼民族信仰宗教的人根据中国的灵魂毁灭说创造的词语。——译注

被称为御史台。许多世纪以前，他们受命根据君王的喜好和性情以及所处时代的需求与君王“对话”或进行书信联系，极大地影响了《京报》的内容和取向（这与欧洲国家的情况不同）。

这里提一下在清王朝统治末期的两位御史. 他们专门负责向皇帝呈递文件，指出君王的不足，一些内容是老练的报人都不敢提及的。在文章的末尾，他们会表明愿意接受君王的惩处，但愿能以此使君王满意。在当朝皇帝继承皇位之时，也会有一些勇敢的审查官员的奏折出现在《京报》上。道光（当时皇帝的年号）对这些官员彻底免责，并对他们的勇气和提供的真实消息表示赞扬，将他们与古时候忠诚的圣人相提并论。

外国读者最难读懂的《京报》内容是那些高度简洁凝练、富有中国古典气息、对皇帝进行赞颂的言辞。在最古老的中国典籍中，有许多关于君王的叙述，言辞庄宁慎重，将君王视为圣人和天子。想要随时读到《京报》并不是一件容易的事情。

这一时期的报纸主要有三种：宫门抄，一种由朝廷发布的通告小册子；上谕，皇帝的谕旨；奏报，朝廷官员上奏的文书以及答复，有时第二部分是一些书信集，有时这些书信集又作为第三部分出现在报纸上。

1833 年 12 月发行的《亚细亚学报》（*Journal Asiatique*）对《京报》的编辑流程作了如下的描述：

朝廷的各位大臣集中于北京的皇宫大殿。皇帝在头天晚上批阅有关各项国家事务的奏章。每天早晨，这些经过皇帝批阅的奏章都被固定在朝廷里的一块板上。这些奏章汇集起来，成为朝廷的记录，它们也记录下了整个王朝的历史。朝廷下令对每天的奏章记录进行复制并存档。朝廷派往各地的官员通过信使得到这些资料，这些信使是专门被派驻在京城负责搜集资料的。为确保全国各地都能获取有关国家事务进展的情况，未经朝廷允许，对于在北京印刷、用于招贴的奏章摘录，不对其内容进行任何修改和删减。

1835年5月的《中国丛报》对此作出了如下评论：

《京报》就是这一决策的成果。朝廷的定期刊物每天也在广东发行，也有一些小抄报偶尔在街头兜售，就像伦敦街头的临时性报纸，向大众通报重大新闻或者仅仅报道街谈巷议的琐事。

卫三畏在《中国总论》中有进一步的叙述①：

《京报》仅仅是关于朝廷官方法令、官员升迁罢免的记录，没有任何社论评述或说明，而这对于了解朝廷政策有很大的价值。城里的读书人普遍会阅读《京报》，并议论其中的内容，从而使自己更了解君主的思想与统治。他们对朝廷的关心超过了罗马人对罗马统治者和元老院的关心。在各省，有许多人通过为买不起整版《京报》的人摘抄《京报》来谋生。

以下是1814年11月13日《京报》中一份告示的翻译，被1836

① 上海古籍版《中国总论》（第293～294页）的译文如下："《京报》意即京城报道，外国人通常称之为《北京公报》，由提交军机处的文件编成，成为人们可享用的信息的主要来源，借以弄清国家大事。每天早晨，皇帝所决定或审议的文件，包括赦令和谕旨，在宫中一处庭院的板上张贴，这是政府年鉴和帝国历史的材料。信使将这些抄件分送到全国各地，送给省的高级官员；某些人也得到允许，将这些文件印刷后传播，但不得注释或改动，希望拿到手的人们可以出钱买。这就是《北京公报》及其编辑方式。这不过是官方行为、官员提升、政令和宣判的记录，但对了解政府的政策有很大价值，在城市受过教育的人们中被广泛地阅读、谈论。因此，他们对统治者所作所为的了解程度比罗马市民对君主和元老院的了解要高得多。在各省，数千人受雇佣来为那些买不起完整版本的读者摘抄《京报》。"——译注

年1月的《中国丛报》引用，其中就有对朝廷及其官员的抨击：

当前世风日下，地方官员尔虞我诈，普通百姓弄虚作假。官员玩忽职守、不理政事，黎民百姓陷入虚幻无望的期盼，生活潦倒。维系权贵与弱势群体的纽带断裂。社会人心不古，羞耻感丧失。他们不听我的警告，反而向那些极力反对我的奸诈匪徒示好。他们不仅思想受到影响，还不顾百姓的生死。这是非常荒唐的！他们重视的只是他们个人和自己的家庭，完全不在乎朝廷和社稷。忠心为国的人会流芳百世，而那些叛逆的人将遗臭万年。身在统治阶级却没有才能的人享受着官职俸禄，碌碌无为地度日。

波乃耶（J. Dyer Ball，1847—1919）[①] 在《中国风土人民事物记》（*Things Chinese*）中描写了《京报》发行的技术过程：

采用可移动替换的木质模具。从一些标本可以看出，这些模具所使用的是柳木或白杨木，这种材料价格低廉却经久耐用。一份普通的《京报》有10张到12张质薄的棕色纸，纸的规格为$7\frac{1}{2}\times 3\frac{3}{4}$英寸，正反面和不同的页面之间通过浅黄色的纸张装订。把两张较小的纸卷起之后进行盘绕，将整张报纸粗略固定。纸的两端穿过纸张旁边打的孔，所有纸张就被松散地扭结在一块（中国通常采用这种方式装订书册）。内部的纸张按照中国人的习惯对折，变成较小的20页或者更多页码，每一页都被红线分割为7栏，每栏内从顶部到底部写14个汉字，在顶部要留出4个汉字高度的空白。皇帝所说的话要优先于其他的内容，对奏折的批复要放在相关文件的前面。这种做法产生了一种类似于玩益智游戏的效果，即所有的回复在一周内印刷，而原本的谜题却要在第二周才印刷。

① 波乃耶，美国公理会来华传教士，著有《中国风土人民事物记》等。——译注

随着后期的不断发展，《京报》每天不只发行一版，有一段时间，它还发行早报和晚报。记载皇帝议事内容的晚报使用代表皇家权威的黄色封面，而根据所涉官员和权力级别，较少刊载重要消息的早报则采用红色封面。

清朝晚期，《京报》更名为《政治官报》，即后来的《内阁官报》的前身。1911 年辛亥革命后，它又更名为《政府公报》。①

图 1　上海申报馆设在一座钢筋混凝土的房子内，是当时东方最好的报馆之一，右上图为《申报》新闻编辑室，右下图为繁忙的报纸印刷流水线

① 清朝中叶以来，为改变官方在舆论方面的被动局面，清廷被迫同意各省官吏创办地方政府官报。于是，报道国计民生的“新式官报”应运而生。以 1902 年初江西南昌官报局出版的《江西官报》和湖南洋务局监督办理的《湖南官报》为最早；随后，袁世凯在天津创办《北洋官报》，宣称“以宣德通情，以启发民智为要义”，“以讲求政治学理，破锢习，浚智识，期于上下通志，渐致富强为宗旨”。之后，在朝廷的鼓励下，四川、湖北、广西、吉林、山西等省陆续编辑出版了地方政府官报，这些官报大多效仿《北洋官报》的编辑和版式。同时，各省还出版了专门性的官报，如《湖北教育公报》、《四川教育公报》等。——译注

图2　左图为上海时报馆，其中国传统塔式建筑被永久保存；右图为上海新闻报馆，其建筑具有中国传统的大众报馆风格

各省的地方长官纷纷效仿《京报》的发行模式，在自己所辖区域设立类似的机构。这些以省会城市作为出版中心的报刊被称为“辕门抄”、“省府衙门公报”（衙门是中国古代对政府驻地或办公场所的称呼）或者“地区报”。各衙门的议事记录、发布的公告、官员对各省的巡访，以及少量的地方新闻构成了这些报刊的主要内容。阅读这些报刊的是各省官员和那些有志走仕途的人——这些人需要人们为其提供大量的刊物，以了解当前的情况和某些史实。

在《京报》不断发展的同时，另一种刊物在各省开始受到人们的青睐。这种刊物源自早期的新闻小贩，由个人手抄或者雕版印刷，刊载最近发生的事情的图片，包括杀人、抢劫和其他的轰动性事件，以此吸引读者——这些东方读者对各种事件抱有一种近乎病态的好奇心。报纸的编辑在城市或乡村里沿街兜售其采写的成果，他们采用了报童贩卖报纸的方式来吸引读者。报童把报纸夹在手臂下，将报纸的一页露在外面以吸引读者。街上一些淘气的小孩子会跟着他们走，当有足够多的人围观时，报童们就会以较为便宜的价格卖出这些报纸。这种新闻传播方式的成功从一开始就得到了保障，因为这些报纸记录的是引起轰动的消息，而且文字叙述不多，对事件的描述很大程度上依靠插图。普通大众的文化程度不高，文字出版物不能满足所有人的需求，但是图片则对所有人都具备吸引力。这些报刊登载的图片大多与城市或乡村中发生的大事件有关。

尽管人们对这种图画形式的报刊或者称画报的起源时间没有确切的定论，但是这些画报成为后来各类图画出版物的前身。图画出版物曾多年在英国和欧洲大陆广受青睐，在第一次世界大战之后又被成功引入了美国。这种新闻采集和发布的形式还存在于今天中国的某些边远地区，受到人们的喜爱。

在省级公报之下，还出现了另外两种报纸，即《国风描》和《国颂唠》，但是这两种报纸鲜为人知，在发行数年之后就销声匿迹了。

1827 年 11 月 8 日，马地臣（James Matheson）① 在澳门创办了中国第一家英文周报《广州纪录报》（*The Canton Register*）②。香港

---

① 马地臣（1796—1878，一说 1807—1889，一说 1796—1888），一译孖地信，苏格兰色得兰郡人。贵族家庭出身，爱登堡大学毕业。1818 年（嘉庆二十三年）（一说 1819 年）来到广州，先后在西班牙、丹麦商行任职，取得西班牙、丹麦通商执照，摆脱了东印度公司的束缚，肆无忌惮地进行鸦片走私。当时，外国鸦片贩子走私鸦片活动主要集中在广州港外的伶仃岛，而马地臣 1823 年（道光三年）乘西班牙商船，悬挂西班牙国旗，率先在中国沿海走私鸦片，获得暴利，从而使鸦片输入中国的活动更为猖獗。1827 年（道光七年），他在澳门创办《广州纪录报》，这是西方侵略者在中国国土上创办的第一家报纸，它不断地公开鼓吹侵略。1828 年（道光八年），马地臣加入在广州开设的莫克尼亚克洋行。1832 年（道光十二年）他与查顿将这个洋行改称为怡和洋行。早已回国的莫克尼亚克于 1834 年在伦敦与史密斯等人开设莫克尼亚克与史密斯公司。1834 年（道光十四年），英国首任驻华商务监督律劳卑在澳门病故，马地臣特地伴送其亲属返回伦敦，企图借此机会接触外交大臣威灵吞，以便向他鼓吹战争。当发现威灵吞无意立刻动手时，他便到曼彻斯特、利物浦、格拉斯哥等地的工商界活动，并撰写了《对华贸易现状及其前途》小册子，公开向英国资产阶级诋毁中国人民，狂热叫嚣发动战争。次年，他加入伦敦的莫克尼亚克与史密斯公司，成为该公司的重要股东之一。

② 又译《广州志乘》。——译注

沦为英国殖民地期间，这份报纸迁到了香港，1843 年至 1859 年间，这份报纸更名为《香港纪事报》（*Hong Kong Register*）。1833 年，这家报纸发行了一份名为《广州行情周报》（*Canton General Price Current*）的副刊。之后香港还出现了其他外文报刊。

第三章　现代新闻业的起源和发展

准确地说，中国现代新闻业发源于1911年辛亥革命带来的中国舆论的发展高潮之中。中国800多家定期发行的出版物，大多数都是在辛亥革命之后创办的。一些使用方言或者白话编纂的报刊是在辛亥革命之前出现的，但是这些报刊充分利用了上海和其他地方的国际租界提供的庇护，避免了封建皇权和专制政府官员的干涉。中国的君主是谨小慎微的专制君主，积极维护自己的统治特权，只允许皇家特许的直接代表独立行事。封建君主对冒犯帝王尊严者予以严惩，但是那些通过报刊传播封建统治思想的人可以免受惩罚。①

---

① 柏德逊此处将清末民初，在华外报、民报和官报混同起来论述，显得模糊不清，有些不妥。清末民初，在华外报（包括在华传教士创办的宗教性报刊和世俗化报刊、在华外商和各国政府在华创办的报刊）、中国本土官报和民报沿着各自的路径发展。根据戈公振《中国报业史》（上海古籍出版社 2003 年版，第 65 ~ 67 页和第 143 页）的论述，清末民初中国官报和民报都经历了发端—发展—兴盛的过程。“庚子一役，慈禧太后受巨创，乃不能不议改革，以涂饰人民之耳目。光绪二十九年，四川学政吴郁生请修政治专书，由政务处议覆：‘嗣后凡有内外各衙门奏定各折件，拟由军机处抄送政务处。其非事关缜密，即发送报房刊行，日出一遍，月成一册。传观既速，最易流通。则现行政要，外间均可周知。’三十年，御史黄昌年请刊谕旨阁抄，亦由政务处议覆：‘嗣后具奏折件，除事关缜密及通例核覆之件，毋庸抄送件，所有创改章程及议定事件，皆于奏旨后咨送政务处，陆续发刊，以光传布。凡军机处京外折件，向系明发谕旨及有办法者，概交发抄。’均奉旨依议。三十二年，适当日俄战事之后，日本立宪之效大著。要求立宪之声，遂腾播于全国。清廷不得已，乃下诏预备立宪。御史赵炳麟青创办《官报》，俾人民明悉国政。翌年，由考察政治馆议复，定名《政治官报》。宣统三年，新官制之内阁成立，又改《政治官报》为《内阁官报》。一切新法令，以报到之日起发生效力。至是，官报始成为公布法律命令之机关，其用益宏伟矣。天津者，北方商务之中心，当时新政之试验场也。时直隶总督为袁世凯，颇热心于改革。故光绪二十七年冬，即首有《北洋官报》之刊行，以为鼓吹直隶新政之机关……附带发行者，又有《北洋学报》与《北洋政学旬报》，诚可谓开风气之先矣。《北洋官报》既出，山西踵起。光绪二十九年，办理商约大臣吕海寰、伍廷芳于奏陈近今要务折内，又有推广《官报》之请。嗣外务部议覆：‘推广《官报》，实为转移整顿之要义。现北洋所刊官报，首刊圣谕广训，恭录谕旨，并载奏议、公牍、时政、新闻等类，与该大臣等所拟条例，大致相同。且月出一册，尤便观览。南洋现尚无官报，应令仿照北洋章程妥酌开办，一体发送各属，销售各学堂阅看。南北洋官报如能畅行，各省亦可逐渐推广。’朝廷既视为功令，各省自风景云从。于是有两日刊，如《南洋官报》；有五日刊，如《安徽官报》；有旬刊，如《湖北官报》；有官商合办者，如《江西日日官报》；有官督商办者，如《汉口日报》等……一部之有官报，自光绪三十二年之《商务官报》始，《学务官报》次之。盖当时以二部之事为最殷繁也。”“官报，无民意之可言也。外报，仅可代表外人之意见；虽其间执笔者有华人，然办报之宗旨不同，即言之亦不能尽其意也。我国民报之产生，当以同治十二年在汉口出版之《昭文新报》为最早。次年同治十三年在上海出版之《汇报》、在香港出版之《循环日报》，光绪二年在上海出版之《新报》，及光绪十二年在广州出版之《广报》，斯四者皆当时深悉外情者之所为，惜国人尚不知阅报为何事，未为社会所见重耳。迨光绪二十一年，时适中日战后，国人敌忾之心颇盛，强学会之《中外纪闻》与《强学报》，先后刊行于京沪，执笔者皆魁儒硕士，声光炳然。我国人民之发表政论，盖自此始。后此，《时务报》与《时务日报》等接踵而起，一时报纸，兴也勃焉。”——译注

中国历史上还没有出现过像霍勒斯·格里利（Horace Greeley）[①]、查尔斯·A. 达纳（Charles Anderson Dana）[②]、詹姆斯·戈登·贝内特（James Gordon Bennett）[③]、约瑟夫·普利策（Joseph Pulitzer）[④]、威廉·R. 纳尔逊（William Rockhill Nelson）[⑤]和亨利·沃特森（Henry Watterson）[⑥]这样凭借人格特质在新闻界名垂青史的记者。新闻事业追求事件的新近动态，记者这个职业具有类似的属性，因此，如果没有深厚的传统，记者就容易受到政治的左右，成为政治阴谋手段的推手。大多数报纸沦为政治派别及其政客的御用机构，由一些政治人士给予包括经济等各方面支持，因为当时那些从事报纸或杂志出版工作的人还没有对新闻事业进行商业管理的理念。

当然不能一概而论，有些例外是值得我们注意的。但是，中国的出版物大多是属于个人见解或组织意见的代表，这些意见通常涉及政治或其他内容。任何组织，不论规模大小和地位高低，都感到有必要传播自己的观点和见解。由于这样的一项事业只需要投入几百元钱，所以每个组织都创立了属于自己的报纸或期刊。上海的工

---

① 霍勒斯·格里利（1811—1872），美国著名报人、编辑，《纽约论坛报》的创办者，自由共和党的资助人之一，政治改革家。19 世纪 40 年代到 70 年代，《论坛报》在其主持下取得巨大成功，成为美国早期新闻史上著名的“三大便士报”之一，格里利也因此成为最优秀的报刊编辑人士之一。——译注

② 查尔斯·A. 达纳（1819—1897），美国记者、作家和政府官员，以激进的政治观点而著称。——译注

③ 詹姆斯·戈登·贝内特（1795—1872），美国历史上的著名报人，18 世纪和 19 世纪美国便士报兴起时《纽约先驱报》的创始人。——译注

④ 约瑟夫·普利策（1847—1911），匈牙利裔美国人，父亲是犹太与匈牙利混血，母亲为德奥混血。美国报刊编辑、出版者，美国大众报刊的标志性人物，“普利策奖”和哥伦比亚大学新闻学院的创办人。——译注

⑤ 威廉·R. 纳尔逊（1841—1915），美国不动产商和《堪萨斯城星报》（*The Kansas City Star*）的创立人。——译注

⑥ 亨利·沃特森（1840—1921），美国记者，创办《路易斯维尔信使新闻报》（*Louisville Courier-Journal*），曾担任美国民主党众议院议员。——译注

人组织拥有三份日报。据说在广东，“乞丐行会”是一个组织有序的商人团体，他们有专门的出版物，通过这个渠道关注自己的需求及与自身利益相关的各种信息。北京有许多这样的政治性组织，由个人或者党派出资支持，而这类组织总是一窝蜂地涌现，又在一夜之间消失殆尽。

当时，很难将中国报纸与其所处时代的瞬息万变的政治形势、政党及各个政党的活动分离开来。中国报纸读者心目中通常萦绕着这样一个问题：谁在为每一份报纸埋单？当人们提出某个关键问题时，这样的质疑总会出现。这是人们都认识到的中国大众报纸所遇到的棘手问题。在某个通商口岸发行的日报甚至在其专栏中写道：“不再为我们提供津贴，今后我们的报纸将成为一个独立的机构。”作为中国主流刊物的报纸和杂志则是例外，这些优秀的刊物可以看作是时代的风向标，显示了中国新闻事业发展的态势和前景。

在这一点上，值得注意的是，使用方言编写的报纸通常在某地由民间出版发行，旨在满足国外的一些政党、组织和个人的利益。这些刊物得到在其他国家的侨民的支持，他们借此平台使用中文表达自己的观点，进一步获取政治利益或者商业利益。世界大战期间，许多国家的人民通过新闻活动捍卫了自己国家的利益。和平时期尽管不像世界大战期间那样广泛，但是这种出版物的做法已经很普遍。

中国的新闻界总体上来看是一个宣传的大阵地，宣传工作既是对内的，也是对外的。宣传工作或有资助，通常是受到国家的鼓励，有的宣传则是出于个人、组织或者商业利益的目的。中国自然资源丰富，而且尚未得到开发，具有很大的商业和工业潜力。大众报纸认为，这些丰富的资源总有一日会成为巨大的财富，并试图引起国人的关注，告知人们作者最擅长讨论的某些话题。中国报纸本能更好地应对这种发展趋势，但是当时的情况并不允许报纸朝这个方向发展。

现代日报的起源

中国最早的现代日报是香港的《德臣报》(*The China Mail*)(一译《中国邮报》),这是一份符合英国利益的英文报纸。《德臣报》创立于1845年,在此之前,《中国丛报》已经出现了。《中国丛报》是一份英文杂志,刊载日常的新闻信息。同一时期,还有一些类似的出版物问世。第一期《中国丛报》于1833年出版。在很长一段时间内,广州曾是外国人在中国唯一可以居留的城市。之后,在中国政府成立的半官方联合组织"公行"的直接监督和负责之下,一些特定的区域可以与外国人进行商贸往来,因此广州和香港自然成为这些刊物出版和发行的中心。在《中国丛报》的卷册中,可以找到关于伯驾(Peter Parker)① 医生的报道,他是第一个到中国行医的美国人。同时,还可以在《中国丛报》中找到许多其他关于当时中国社会生活的有趣报道。

刊载外国的新闻及转载国外通讯社消息的做法是基于伍廷芳②先生的建议而开始的。已故的伍廷芳曾是中国驻美国的公使,他负责

---

① 伯驾,美国传教士。出生于马萨诸塞州一个农民家庭,获耶鲁大学神学博士学位。曾在纽黑文神学院学习医学,于1834年5月16日在费城被任命为传教士,并于同年10月26日受美部会(the American Board of Commissioners)派遣来到广州传教。——译注

② 伍廷芳(1842—1922),本名叙,字文爵,又名伍才,号秩庸,后改名廷芳。汉族,广东新会西墩人,清末民初杰出的外交家、法学家。伍廷芳祖籍广东新会,出生于新加坡,3岁随父回广州芳村定居,早年入香港圣保罗书院,1874年自费留学英国,入伦敦学院攻读法学,获博士学位及大律师资格,成为近代中国第一个法学博士。后回香港任律师,成为香港立法局第一位华人议员。洋务运动开始后,于1882年进入李鸿章幕府,出任法律顾问,参与中法谈判、马关谈判等,1896年被清政府任命为驻美国、西班牙、秘鲁公使,签订近代中国第一个平等条约《中墨通商条约》。主持修订法律,提出了包括删除酷刑、实行陪审和律师制度等一系列先进主张。辛亥革命爆发后,任中华民国军政府外交总长,主持南北议和,成功迫使清室退位。南京临时政府成立后,出任司法总长。1917年赴广州参加护法运动,任护法军政府外交总长、财政总长、广东省省长。1922年陈炯明叛变时,因惊愤成疾,逝世于广州。广州越秀山上有伍廷芳墓园。——译注

翻译《香港每日邮报》(*Hong Kong Daily Mail*)和《孖刺报》(*The Daily Press*)中的文章。这些翻译的报刊在中国南方少量发行。这样的翻译实践促成了第一份中文日报——香港《中外新报》的诞生。这是一份晚报，于 1852 年首次出版，随后与香港的《中国商报》(*Chinese Commercial News*)合并。《中国商报》由香港中国总商会于 1919 年 5 月 1 日创办，这份报纸是过去几年内中国本土商业报纸的先驱。第二份日报是《湾孖报》，于 1860 年在香港出版。从中国人参与新闻事业的角度来看，这两份报纸可以看作国人自主创办现代报纸的开端，但是这两份报纸创刊的地点即香港自 1841 年起就被英国占领，所以，国人自主办报的真正开端应该是上海报刊。

据可靠资料，在中国本土范围内出版的第一份现代日报是在 1870 年创刊的《上海新报》，这是一份只有一页的新闻纸，纸张大小与一般的杂志相当。这份报纸存在的时间很短，它的创办与停刊都没有给人们留下什么可循的资料和印象。同一时期还出现了其他的中文日报，但是都没有办成功。

中国最早成功地连续发行的日报是《申报》，也称《上海申报》。《申报》于 1872 年 4 月 30 日首次发行，由英国美查兄弟公司(Major Brothers)所有。第一份《申报》使用薄质的手工竹纸单面印刷，这页报纸折叠成规格为 9.5 ×9.5 英寸的 8 个版。第一份《申报》的副本保存在上海申报纪念馆。《申报》创刊号头版的《本馆告白》和《本馆条例》内容如下：

本馆告白

今天下可傳之事甚多矣而湮没不彰者比比皆是其故何歟蓋無好事者為之紀載遂使奇聞逸事闃然無稱殊可嘆惜也溯自古今以來史記百家載籍極博山經地志紀述綦詳然所載皆前代之遺聞已往之故事且篇幅浩繁文辭高古非薦紳先生不能有也非文人學士不能觀也至於稗

官小説代有傳書若張華博物干寶記搜神齊諧為志怪之書虞初為文章之選凡玆諸類均可流觀維其事或荒誕無稽其文皆典贍有則僅能助儒者之清談未必為雅俗所共賞求其紀述當今時事文則質而不俚事則簡而能詳上而學士大夫下及農工商賈皆能通曉者則莫如新聞紙之善矣新聞紙之製創自西人傳於中土向見香港唐字新聞體例甚善今彷其意設申報於上洋凡 國家之政治風俗之變遷中外交涉之要務商賈貿易之利弊與夫一切可驚可愕可喜之事足以新人聽聞者靡不畢載務求其真實無妄使觀者明白易曉不為浮誇之辭不述荒唐之語庶幾留心時務者於此可以得其概而出謀生理者於此亦不至受其欺此新聞紙之作固大有益於天下也且夫天下至廣也其事亦至繁也而其人又散處不能相見也夫誰能廣覽而周知哉自新聞紙出而凡可傳之事無不徧播於天下矣自新聞紙出而世之覽者亦皆不出户庭而知天下矣豈不善哉惟是事雖繼興例若初創或恐囿於方隅限於知識遺漏滋多尚希 四方君子進而教之匡其不逮實有厚望焉申報之人 謹白

本馆条例

启者：新闻纸之设，原欲以辟新奇，广闻睹，冀流布四方者也。使不事遐搜博采，以扩我见闻，复何资兼听并观以传其新异，是不可徒拘于一乡一邑也。兹本馆特将条例开列于左（下），如贵客愿赐教或乐观者，祈惠顾一切为幸。

——本新报议价，于上海各店零卖，每张取钱八文。各远处发卖，每张取钱十文。本馆趸售，每张取钱六文。

——如有骚人韵士，有愿以短什长篇惠教者，如天下各名区竹枝词及长歌纪事之类，概不取值。

——如有名言谠论，实有系乎国计民生、地利水源之类者，上关皇朝经济之需，下知小民稼穑之苦，附登斯报，概不取酬。

——如有招贴告白、货物船只、经纪行情等款，愿刊入本馆新报者，以五十字为式，买一天者，取刊赀二百五十文；倘字数多者，每加十字，照加钱五十文。买二天者，取钱一百五十文；字数多者，每加十字，照加钱三十文起算。如有愿买三四天者，该价与第二天同。

——如有西人告白欲附刻本馆新报中者，每五十字取洋一元。倘五十字之外，欲再添字数，每一字加洋一分，并先收刊赀。此止论附刊一天之例。若欲买日子长久，本馆新报限二篇幅，该价另议。如系西字，本馆代译亦可。

——西人告白，惟轮船开行日期及拍卖二款刻赀照中国告白一例。倘系西字，欲本馆译出者，第一天该价加中国刻赀一半并祈先惠。

——苏杭等处地方有欲刻告白者，即向该卖报店司事人说明某街坊某生理，并须作速寄来，该价另加一半，为卖报人饭赀。

——本馆新闻开设伊始，今雇人分送各行号，或沿街零买。如贵客欲看者，请向该送报人取阅，每张取钱八文。如有愿买一月新报者，先请向送报人注明入册，本馆上期收一月之价，每张先取钱六文，余二文为送报人饭赀。俟其于月底自取，以免逐日零星收钱之累。

——本馆之设新报，原冀流传广远，故设法由信局带往京都及各省销售。贵信局如有每日趸买一二百张者，请先赴本馆注明入册，以便逐日分送。本馆议价每张六文，该价于月底算账时再付。如各处不能销售，俟月底仍将新报交回本馆，不取价赀。

——贵客如有欲贩至他处销售，其价钱一切均与信局一式，请赴本馆面议可也。

——本馆新报概系整卖，贵客如欲零买，请向送报各店自取，本馆事繁，不能兼顾也。

以上各款，本馆经营伊始条例，未周，望四方君子赐教为幸。

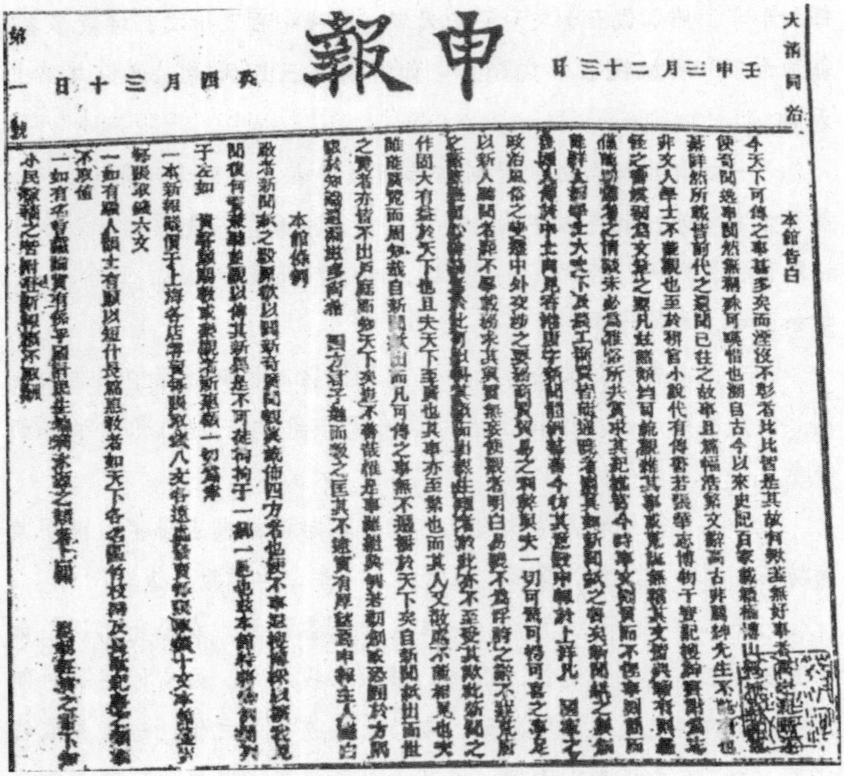

大清同治壬申三月二十三日

申報

英四月三十日

第一號

本館告白

本館條例

图 3　1872 年 4 月 30 日在上海发行的《申报》创刊号头版

美查兄弟公司与出版业有何确切的联系不得而知，也许这家公司是出于自身利益的考虑涉足出版行业，以得到英国政府的保护，使其在上海的发展得到保障。《申报》从创刊伊始就是一份中文报纸，由中国人自己办报，并且直到今天都是中国人自己所有。[1]

继《申报》之后，《沪报》作为英国人在上海创办的主要日报《字林西报》（*North China Daily News*）的中文版正式出版。20年后，上海又出现了《新闻报》（*New News Journal*）。《沪报》不久就停刊了，但是《新闻报》一直存在，成为今天国内发行量最大的报纸。

截至1895年，中国有大约31种日报，只有以上介绍的那些报纸开办至今。

后来，随着义和团的兴起，以及保皇派和革命派的形成，出现了支持不同政党组织的报纸，这也是中日甲午战争的一个结果。这些办报活动仅限于上海、天津、汉口、广州等通商口岸以及海外。随着清王朝新闻审查的逐渐松动，这些报纸开始渗入内地。1896年至1905年间出现了1 000多种出版物，但大多数都如昙花一现。清朝统治者的无能日渐显现，客观上给报纸带来了发展的时机，政治动荡的局势达到白热化，革命党也逐渐积蓄了力量。

1895年，革命派组织强学会成立，它是当时发动社会改革的组织之一，后来的中华民国总统袁世凯也是这个组织的成员。强学会创办了《万国公报》。梁启超是《万国公报》的编辑之一，他是当时中国最杰出的报人之一。这份报纸免费送给订阅《京报》的读者，

---

① 作者在这里关于《申报》创办情况的论述有偏差。根据白瑞华《中国报纸（1800—1912）》的论述："《申报》作为执上海报界之牛耳者，1872年由英国商人美查（Frederick Major）创办。美查作出正确的判断和决策，抹去自己与报纸的天然关系，让中国编辑来创办这份中国人急需的报纸。他没有对报纸出版进行宣传，只是想为中国读者提供一份自由阅读和购买的报纸。《申报》没有过多的异国报道，它只是保证了在上海这个外国势力影响下的港口城市中本土读者的阅读需要。美查和弟弟安纳斯脱·美查（Earnesta Major）早年已经来到上海，起初经营茶叶生意。在《申报》创刊前大约10年，他们创建了当时上海第一批现代化技术工厂之一——江苏药水厂。这家药水厂生意红火，很快扩大到生产用于冶炼金银的硫酸、硝酸业务。据说，美查兄弟准备把多余的资金投入新行业。他们的中国买办陈莘庚预期了《上海新报》的成功，随即建议美查兄弟出版一份中国报纸。美查采纳了陈莘庚的建议，着手以商业化方式创办这份报纸。他雇用钱昕伯并派遣钱到香港考察和学习新式中文报纸。"——译注

每天的发行量为3 000份。清政府的镇压使革命党崩溃瓦解，也致使这份报纸停刊。梁启超去了上海，在总督张之洞的财力支持下创办了《时务报》。梁启超对政府的抨击使当权者不能忍受，张之洞被迫停止资助梁启超，随后梁启超逃亡日本。

这一时期，日本成为许多人政治流亡的目的地和革命报刊的阵地。共和党人后来引领了大革命。19世纪末到20世纪初，一群年轻的共和党人在日本这个岛国成为革命的先驱。梁启超是最活跃的报人，推动着革命报刊的进一步发展。在这些报刊中，周报《新民报》享有盛名，还有两份类似的刊物：《新民丛报》和《庸言报》。与天津、汉口的外国租界一样，上海租界也成为革命活动的阵地。由于得到外国的帮助和国际公法的管辖，汉口等地的革命力量免遭封建王朝的破坏，后来逐渐发展成为革命的发源地。

清王朝于19世纪后期开始对办报产生了兴趣。光绪皇帝在1898年9月1日的一份诏书中下令创办一份报纸，服务于自己的政治目的，鼓励和启蒙百姓。礼部尚书和文渊阁大学士孙家鼐[①]受命办报。清廷创办的这份报纸名为《官书局汇报》。这份报纸以小册子的形式出版，刊载大量从英文和日文报刊翻译过来的文章，以及清王朝的政令。这份报纸于1898年9月28日由于慈禧太后发动的政变而突然停刊。

这一时期至辛亥革命之前的报纸都带有反对君主专制、反对外

---

① 孙家鼐（1827—1909），清末大臣。字燮臣，号蛰生、淡静老人。清安徽寿州（今六安寿县）人。咸丰朝状元。1864年提督湖北学政，后屡充考试试差阅卷大臣。1876年，与尚书翁同龢同任帝师。主张阅报去皇帝壅蔽，然要严禁“渎乱宸聪”。建议酌置散卿，广集人才，以资议政。甲午战起，力言“衅不可启”，主张妥协。1895年，列名北京强学会。1896年主持官书局。1898年，以吏部尚书、协办大学士身份管理京师大学堂。建议增设中心学堂、速成学校及医学校。戊戌维新时，向光绪帝推荐冯桂芬、郑观应等人的著作，但又奏称康有为“学术不端”。1900年，八国联军入侵，遂逃往西安。后授礼部尚书，任体仁阁大学士，历转东阁、文渊阁大学士，晋武英殿大学士，充学务大臣、政务大臣、编纂官制总司核定等。1907年，任资政院总裁，参与“立宪”事宜。谥文正。——译注

国势力、反对鸦片贸易的特点，都是一些特定政治派系进行宣传的工具。许多报纸持续发行，并不断改变其编辑策略以适应时代的变迁。以下报纸现在还在发行：厦门的《福建每日新闻》；广州的《南越报》、《羊城新报》和《七十二行商报》，后者是在华南地区影响最大的广州政治商业性报纸；烟台的《知府报》；杭州的《全浙公报》；汉口的《汉口时报》；开封的《河申日报》；南昌的《江西明报》；北京的《北京日报》、《顺天时报》、《国民公报》；上海的《中国时报》、《舆图日报》；天津的《京津泰晤士报》、《大公报》、《天津每日新闻》；济南的《简报》。一些革命组织已经在当地取得了显著地位，而有的组织则空存其名。

《时报》，英语中也被称为《东方时报》（*Eastern Times*）[①]，它同样是在辛亥革命之前的这一时期创办的。该报于 1904 年 6 月 12 日

---

① 史和、姚福申、叶翠娣《中国近代报刊目录》（福建人民出版社 1991 年版，第 190 页）关于《时报》的介绍如下："《时报》（上海）——出版时间较长的报纸。1904 年 6 月 12 日（光绪三十年四月二十九日）创刊，于上海出版。为了防止清政府阻扰，创刊时挂日商招牌，由日本人宗方小太郎出面担任名义上的发行人，实际负责人狄楚青，罗孝高为总主笔，担任主编和编辑的还有罗普、冯挺之、陈景韩、雷奋、包笑天等。梁启超手拟发刊'缘起'和体例。发刊词标榜所有言论'以公为主，不徇一党之私见'。每天两大张，售价二十文。社址是上海四马路辰字（B）583 号。"

取名《时报》，寓"君子而时中"、"道国齐民莫贵于时"之意。该报初期颇重视编辑业务的改革，创设"时评"一栏，短小隽永，为许多日报所效仿。栏目除时评外，有论说、纪事、中央新闻、地方新闻（分交涉界、政界、军事界、学界、实业界等）、紧要新闻、专件、要件、报界舆论、外论撷华、译丛、来稿、上谕、奏折、商务、商情报告表、小说、辞林、口碑丛述、谈瀛零拾、介绍新著、插图等。插图有时刊登滑稽画和讽刺画。辛亥年正月开始，每日随报附送《滑稽时报》一大张，正面有滑稽谈、笑话两句、小说等内容，反面是广告。《时报》根据新闻内容的重要与否，采取不同字号。初创时销行颇畅。1912 年冬将全部报馆产业盘给黄伯惠后，《时报》开始着重于社会新闻和体育新闻。1927 年夏首创我国套色印报。第一次世界大战后，又增设实业、妇女、儿童、英文、图画、文艺等周刊。后期主笔为蔡行素。抗日战争时期，接受日占领军检查，继续在沪出版。1939 年 9 月 1 日停刊。——译注

由狄葆贤（字楚青）[1] 在上海创办。狄葆贤是一位充满激情的革命家，他卖掉了父亲留给自己的珍贵的国画收藏，筹集了创办报纸的资金，并通过其他的方式帮助一些革命家。狄葆贤的一系列举动导致他自己最终被捕并被迫流亡日本。然而他对《时报》仍保持着兴趣，并在之后继续经营这份报纸。狄葆贤被认为是当时中国最有学问的报纸编辑，可能是因为凭借一手漂亮的书法，狄葆贤在当时极富名望。他也曾写过一系列诗歌和散文，这些诗文被收集出版在一本叫做《平等阁诗话》的集子里。包括中华民国政府前外交部长温宗尧[2]和财政部长陈锦涛[3]在内的一些中国官员，以及国内其他报纸

---

① 狄葆贤（1873—1921），近代诗人，文学批评家。字楚青、楚卿，号平子、平等阁主人。江苏溧阳人。幼随父学耕，生长于江西，后居沪。擅诗文、书、画。家富收藏，精鉴别。曾与谭嗣同、唐才常交往，宣传变法维新。戊戌政变后，逃亡日本。清光绪二十六年（1900）回国，参加唐才常组织的自立军，事败复走日本。1904 年前后返回上海，集资从事新闻业，创办《时报》，任经理，宣传保皇立宪。光绪三十四年（1908）任江苏咨议局议员。宣统三年（1911），在北京发刊京津版《时报》，又办《民报》，并任有正书局经理。影印各种书、画、碑、帖，传播艺术，贡献颇大。曾藏元王蒙《青卞隐居图》。间作山水，书法晋人。后专研佛学。喜诗词书画。著有《平等阁笔记》、《平等阁诗话》、笔记、清代画史补录等。——译注

② 温宗尧（1876—1947），字钦甫，广东台山人，近代资产阶级政客、汉奸。历任驻藏参赞大臣、广东军政府外长、政务总裁、汪精卫政府司法院长。温宗尧早年曾和张元济、蔡元培先生一起办过《外交报》，是一位维新人物。一早参与救国行列，及至民国初期，在讨袁时也很支持孙中山。然在中后期转为支持桂系军阀，日后更担任伪南京政府高职。——译注

③ 陈锦涛（1871—1939），字澜生，广东南海人。民国时期政治家、经济学家。著有《均富》等书。早年毕业于香港皇仁书院。毕业后留校任教，后转任天津北洋大学教习。1901 年以官费赴美学习政治经济学，1906 年获耶鲁大学哲学博士学位，9 月回国应清廷部试，获法政进士。嗣任大清银行监察、度支部预算案司长、统计局局长、印铸局局长、币制改良委员会会长和资政院资政等多职。武昌起义后，以病辞归，转道南方，任南京临时政府财政总长。1912 年南北议和后，任审计处总办、财政部驻外财政员，赴欧考察财政。后又任段祺瑞内阁财政总长、盐务署督办和关税特别会议全权代表等职。1917 年 4 月入狱，1918 年初获得大总统冯国璋特赦，回广东修养。1920 年出任广州护法军政府财政部长，同年 10 月寄寓上海。1925 年任西北银行经理，是年年底再任财政部长兼盐务署督办。1926 年与胡光鹿等人在天津合办中国无线电业公司。1930 年入清华大学法学院，任经济系教授。1935 年应南京国民政府行政院院长汪精卫之邀，任币制研究委员会主席。1938 年出任汪精卫政府财政部部长兼兴华银行总裁。1939 年 6 月 12 日病死于上海。——译注

的创办者，都是从《时报》开始他们的职业生涯的。

《时报》是革命时期典型的成功创办的报纸。《时报》的第一篇社论就能很好地反映这份报纸的特点：

《时报》何为而作也？记曰，君子而时中。又曰博博渊泉而时出之。故道国齐民，莫贵于时。此岂惟中国之教为然耳；其在泰西，达尔文氏始发明物竞天择优胜劣败之公理，而斯宾塞以适者生存一语易之。不适焉者，或虽优而反为劣；适焉者，或虽劣而反为优。胜败之林在于是矣。是故狐貉诚暖，不足以当暑；湘葛云丽，不足以御冬。与时不相应，未有不敝焉者也。

今之中国，其高居于权要伏处山谷者，既不知天下大势，谓欲抱持数千年之旧治旧学，可以应今日之变，则亦既情见势绌，蹙然如不可终日矣。于是江湖恢奇少年路路之士，其泰西各国之由何途而拨乱，操何业而致强也，相与欲之，奔走焉，号呼焉，曰吾其若是！夫彼之所以拨乱而致强者，谁曰不然，而独不知与吾辈之时代果有适焉否也。孔子曰：过犹不及。不及于时者磋跎荏苒，日即腐败，而国遂不可救；过于时者，叫嚣狂掷，终无一成，或缘是以生他种难局，而国亦遂不可救。要之，亡国之咎，两行均之。若夫明达沈毅之士，有志于执两用中，为国民谋秩序之进步者，盖亦有焉矣。顾亦于常识不足，于学理不明，于是势不审，故言之不能有故，持之不能成理。欲实行焉，而怅怅不知所适。纵奋发以兴举一二事，又以误其方略而致失败者，项相望也。则相与惩焉，不复敢齿及变革。鸣呼！全国中言论家政治家，种类虽繁，究其指归，不出于此三途。耗矣哀哉！今日千钧一发之时哉！

同人有怵于此，爰创此报，命之曰“时”，于祖国国粹，固所尊重也，而不适于当世之务者，束阁之。于泰西文明，固所崇拜也，而不适于中国之程度者，缓置之。而于本国及世界所起之大问题，凡关于政治学术者，必竭同人邀识之所及，以公平之论，研究其是非利害，与夫所以匡救之应付之方策，以献替于我有司而商榷于我国民。若夫新闻事实之报道，世界舆论之趋向，内地国情之调查，政艺学理之发明，言论思想之介绍，茶余酒后之资料，凡全球文明国报馆所应尽之义务，不敢不勉，此则同人以言报国之微志也。虽然，西哲亦有言，完备之事物必产于完备之时代。今以我国文明发达，如彼其幼稚也，而本报乃欲窃比于各国大报馆之林，知其无当矣。跬步积以致千里，百川学以放四海，务先后追随于国家之进步，而与相应焉，斯乃本报所日孜孜也。吾国家能在地球诸国中占最高之位置，而因使本报在地球诸报馆中，不得不求占最高之位置，则国民之恩我无量也夫！国民之恩我无量也夫！

中国经历了共和政体之后，报纸出版业又开始衰退。1913 年，国内的报纸和期刊共有 330 种。随后，中国卷入第一次世界大战，世界上其他的民族努力获得中国的援助，这也是中国出现许多新的出版物的原因，报纸尤其突出。这一时期，外国势力开始想要控制中国的报纸，从而更好地进行宣传。在战时，中国的出口贸易和国内的经济活动也经历了一次短暂的繁荣。同时，国内的制造业开始采用现代的生产工艺，中国商界开始将视线投向对外贸易。

时代的繁荣对报业的发展环境产生了影响。由于报人们拥有更多的资金，出现了许多政治性和其他性质的办报活动。这一时期最具特色的报纸是《商报》，亦称《上海商业周刊》。这份日报主要针对国内商界和其他主要市场，由一群中国商人和一位美国人索克思(George Ephraim Sokolsky)① 创办，且后者引入了美国现代报业的办报方式。

① 索克思（1893—1962），美国记者。——译注

一些报刊利用这一时期的大好环境创办了起来，并获得读者的青睐，成为各自领域中的佼佼者。《王义报》于 1919 年 9 月在汉口创刊，在其发行领域内得到了极大的认可，并成为当地发行量最大的报纸。北京的《益世报》和天津的《益世报》同样也是在 1918 年创办，两份报纸实行合营，并在政治和商业领域都成为发行量最大的报纸。该报纸由罗马天主教会拥有，并因为其勇敢抨击政府官员的贪污行为而闻名。这一时期，在许多省会城市和贸易中心都有类似的报刊出现。

第四章　中国新闻业的法律规范

上海被称为中国新闻事业的摇篮，可从中国的法律现状观察新闻事业的发展阶段。1912 年颁布的《中华民国临时约法》规定了言论自由和出版自由，但是这种自由都未曾得到保证。这个宪法仅仅是政治派别内部发生争辩时的参照，并无多大实际意义。个别军官及其下属的言辞便是法律，而报刊编辑们则因为自己的才智而遭受苦难。对统治者进行温和的批评也会招致沉重的苛捐杂税和不经审判的牢狱之灾。黄宪昭①是最大胆无畏的中国年轻记者之一，他毕业于密苏里大学新闻学院，是第二届世界报界大会的头面人物。他曾

① 黄宪昭（Hin Wong，即 Huang Ssien Chao），1888 年出生于檀香山，父母都是广东人。曾就读于瓦胡岛普纳荷学院。1900—1911 年，黄宪昭入哥伦比亚大学，1912 年获密苏里大学新闻学院学士学位，是从密苏里大学毕业的第一位华人。他先后担任路透社驻广州和香港记者、美联社驻广州记者、上海英文《大陆报》记者、英文《广州时报》主笔、燕京大学新闻系主任、沪江大学新闻系主任。1921 年，曾作为中国报界六人代表之一，赴檀香山参加第二届世界报界大会。——译注

担任《广州时报》（*Canton Times*）① 的编辑。《广州时报》是一份由中国人创办并用英文出版的日报，其间，黄宪昭曾因批判广东省军政府的政策而被下令斩首，幸而有外国友人的介入而免遭死刑。这种审查制度在大多数情况下都和日本的帝国新闻法规对本地新闻的限制一样有效，甚至渗透到了不同省会城市的邮政所。从中国任何地方发来的报纸都在邮局接受检查，如若发现报纸及其附加资料有任何贬损当局的内容，这部分内容就会在报纸送达订阅者之前被撕下来。如果不能将其撕下，则整份报纸都会被没收。

这一审查制度使各通商口岸成为报纸出版的中心，因为在这些通商口岸，有租界为报刊编辑提供外国势力的保护。这使中国现在的主要报纸得以在外国相关法律的保护下成立出版集团，并依照那些国家的新闻法律法规行事。上海的《申报》和《时报》根据法国的法律进行合并，《新晚报》和《商报》则依据美国的法律进行合并。内地的报纸也利用了这样的保护。一些日本或其他国家的报刊编辑，尽管其祖上是中国人，但其本人能享有外国人的特权，一旦受到起诉，也要依据其所服务的国家的法律来处理。虽然当时中国

---

① 史和、姚福申、叶翠娣《中国近代报刊目录》（福建人民出版社 1991 年版，第 190 页）关于《时报》（广东）的介绍如下：“《时报》（广东）——1910 年间在广东出版的报刊。该刊曾参加 1910 年上海《时报》和《神州日报》发起的‘全国报界俱进会’。”

关于《时报》（天津）的介绍如下：“《时报》（天津）——天津最早的中文日报。1886 年 11 月 6 日（光绪十二年十月十一日）创刊，在天津出版。由天津海关税务司的德国人德璀琳创办。据称，怡和洋行总理笳臣（英国人）曾投资合办，英国著名教士李提摩太曾任主笔。双面印刷，纸张精白。报头有日出图像，周围有‘在明明德’四个小字。日刊，星期日无报。《时报》每日著论一篇，每七日刊图画一张。评论很多出自李提摩太手笔。李提摩太所著《时事新论》一书，即集该报的评论而成。主要栏目有谕旨恭录、译稿、京津新闻、翻译新闻、外省新闻、各行告白、抄报全录等。第一版首栏刊有‘昨天天文录寒暑、风、潮、晴雨记录’，二栏刊有本期报纸的目录。新闻多有四字标题。1890—1891 年间，出过《时报》的汇编性刊物《直报》。1891 年 6 月停刊。查戈公振《中国报学史》，作‘1886 年 2 月（光绪十二年一月）创刊’，误。’

关于《时报》（厦门）的介绍如下：“《时报》（厦门）——1903 年间创刊，为日本人所开办，在厦门出版。仅见于《东方杂志》1904 年 10 月 4 日出版的第一卷第八号《各省报界汇志》。”——译注

的主要报纸都为中国人所有并由中国人经营，但是从性质上来看，它们并不是属于中国的报纸。

上海吸引了很多报纸，因为这里的外国租界能为报纸提供自由发展的空间。上海租界内一些外国公民团体试图通过租界内纳税者的共同努力，限制新闻和出版自由，但均以失败告终。

中国的新闻法律批准新闻出版自由，并为新闻业提供其所在城市的安全保障。整部法律包含35个条款，以下是缩减后的内容：

一、《出版条例》第二条规定报纸分六种：“一、日刊；二、不定期刊；三、周刊；四、旬刊；五、月刊；六、年刊。”

二、《出版条例》第三条首先指出：“发行报纸应由发行人开具左列各款禀请该管警察官署认可：一、名称；二、体例；三、发行时期；四、发行人编辑人印刷人之姓名年龄籍贯履历住址；五、发行人印刷所之名称地址。警察官署认可后给予执照并将发行人原禀及认可理由详报本馆长官汇报内务部备案。”

三、为了缩小出版自由的范畴，《出版条例》第四条提供了特定的限制条款：“本国人民年满三十岁以上无左列情事之一者，得充报纸发行人编辑人印刷人：（一）国内无住所或居所者；（二）精神病者；（三）褫夺公权，尚未复权者；（四）海陆军军人；（五）行政司法官吏；（六）学校学生。”

四、该法进一步解释道：“第五条　编辑人印刷人不得以一人兼充。”

五、《出版条例》第六条包括了这样的条款：“发行人应于警察官署认可后，报纸发行二十日前，依左列各款规定分别缴纳保押费：（一）日刊者三百五十元；（二）不定期刊者三百元；（三）周刊者二百五十元；（四）旬刊者二百元；（五）月刊者一百五十元；（六）年刊者一百元。在京师及其他都会商埠地方发行者加倍缴纳保押费；专载学术艺事统计官文书物价报告之报纸得免交保押费；保押费于禁止发行或自行停版后还付之。”

六、第八条规定：“每号报纸应载明发行人编辑人印刷人之姓名住址。”

七、为了便于新闻审查，《出版条例》第九条规定：“每号报纸应于发行日递送该管警察官署存查。”

八、第十条规定：“左列各款报纸不得登载：一、淆乱政体者；二、妨害治安者；三、败坏风俗者；四、外交军事之秘密；五、各项政务经该管官署禁止登载者；六、预审未经公判之案件及诉讼之禁止旁听者；七、国会及其他官署会议按照法令禁止旁听者；八、煽动曲庇赞赏救护犯罪人刑事被告人或陷害刑事被告人者；九、攻讦他人阴私损害其名誉者。”

需要注意的是，这些法规是在中华民国成立三年之后发布的。这些是中华民国第二任总统袁世凯的功绩，旨在显示其君主政体的特征。袁世凯曾试图恢复帝制，自己称帝，结果遭遇失败。尽管这些法规和中国的其他法规一样具有合法性，但是却没有执行的可能，这反映了当时新政府对新闻业的总体态度。

中国报纸很容易因违反《中华民国暂行新刑律》中有关妨害公共秩序的规定而受到诽谤或其他诉讼，这部法典比袁世凯制定的法规适用范围更广，但是也不具有普遍性。从1921年2月的《中国年鉴》摘录《中华民国暂行新刑律》中与触犯公共秩序的相关条款如下：

第二百二十一条　以文书图画演说或其他方法公然煽惑他人犯罪者，从左列处断。一其罪之最重刑为死刑无期徒刑者。三等至五等有期徒刑或三百元以下三十元以上罚金。二其罪之最重刑为有期徒刑者。五等有期徒刑、拘役或一百元以下罚金。以报纸及其他定期刊行之件，或以编纂他人论说之公刊书册而犯本条之罪者，编辑人亦依前项之例处断。

摘录中国《刑法》的相关条款如下①：

妨害名誉和信誉罪

第316条　公开侮辱他人者，将受到拘留，或处以不超过300元的罚款。（中华民国银元的1元与50美分等值）

第317条　故意制造或传播损害他人名誉的言论者，犯妨害名誉罪，将被处以不超过6个月的有期徒刑或拘留，或不超过500元的罚款。

通过传播文字、图画或照片触及前段所述的违法行为者，将被处以不超过1年的监禁或拘留，或不超过1 000元的罚款。

第318条　能证明所述为事实者，将不因妨害名誉罪而受到处

---

①《中华民国暂行新刑律》元年三月十日暂行，援用四月，删改颁行，奉大总统令。

第三十一章　妨害安全信用名誉及秘密罪

第三百五十七条　对人以加害生命身体自由名誉财产之事相胁迫者，处五等有期徒刑拘役或一百元以下罚金，以加害其亲属相胁迫者亦同。

第三百五十八条　以强暴胁迫使人行无义务之事或妨害人行使权力者，处四等以下有期徒刑拘役或三百元以下罚金。

第三百五十九条　散布流言或以诈术损害他人或其他业务之信用者，处五等有期徒刑拘役或一百元以下罚金。

第三百六十条　指摘实事，公然侮辱人者，不问其事实之有无，处五等有期徒刑拘役或一百元以下罚金。

第三百六十一条　对尊亲属犯第三百五十七条第三百五十九条及第三百六十条之罪者，处四等以下有期徒刑拘役；犯第三百五十八条之罪者，处三等至五等有期徒刑。

第三百六十二条　无故开拆藏匿毁弃他人封缄之信函者，处五等有期徒刑拘役或一百元以下罚金，无故公表他人秘密之文书图画者亦同。

第三百六十三条　僧道医师药剂师药材商产婆律师公证人或曾经居此等地位之人因其职业得知他人之秘密，无故漏洩者，处五等有期徒刑拘役或一百元以下罚金；无故公表者，处四等以下有期徒刑拘役或三百元以下罚金。

第三百六十四条　第三百五十八条及第三百五十九条之未遂犯，罪之。

第三百六十五条　除第三百五十八条外，本章之罪须告诉乃论。

第三百六十六条　犯本章之罪者得褫夺公权。

罚；如果涉及受害一方的私人生活，刊物内容无关公共利益，则当事方将不能证明其所述为事实。

第319条　在以下情况中善意发表言论者，将不因妨害名誉罪受到处罚。

1. 出于自我防卫或保护法律权益；

2. 公职人员行使职权发表的报告；

3. 对受到公众批评的事物进行公正的批评；

4. 有关任何法庭审判、公众集会、全国或地方的示威活动而发表的正当出版物。

第320条　通过制造或传播已知虚假信息，触犯妨害名誉罪者，将在法律规定的标准基础上加刑三分之一。

第321条　公开对已过世的人进行污蔑者，将受到拘留，或处以不超过300元的罚款。

通过制造或传播已知不属实的诽谤性言论，损害已故的他人的名誉者，将被处以不超过一年的监禁或拘留，或处以不超过1 000元的罚款。

第322条　通过欺诈手段或传播谣言损害他人信誉者，将被处以相同时长的监禁或拘留，或处以相同金额的罚款。

第五章　中国报纸

在中国，读报纸的人数在增加，尤其在港口和一些省会城市。自从欧洲战争开始之后，国内办得出色的日报的发行量都迅速增加。随着中国知识分子的增多，他们不只关心自己国家的事务，其关注的范围从袁世凯倒台后几年内的派系斗争到吴佩孚和张作霖发动的直奉战争，还关心诸如在华盛顿举行的裁军会议等国际性集会和会议，这些都为报纸的发展开辟了新的领地。

正如上文所提到的，上海是中国的出版中心，中国的两份主要报纸都在上海发行。这些报纸都是从发行和商业经营的角度发展而来的。在采集和传播新闻方面，《申报》和《新闻报》是中国最高级报纸的代表。当然也不得不提及另外两份发行量较小的报纸《时报》和《商报》，这两份报纸具有积极进步的态度。

天津、北京、广州和香港的报刊影响力仅次于上海。在天津，《益世报》的发行量最大，知名度最高。《益世报》北京版的白话文版本《京腔报》也有很大的发行量。广州和香港报纸的发行量较小，它们受到较多的限制。

中国发行量最大的报纸是上海《新闻报》（发行量是报刊影响力和受欢迎程度的标志），出版者称其每天的发行量为10万份。发行量紧随其后的是《申报》，其日发行量为4.5万份到6万份。这些发行量的数据存在争议，中国没有专门的机构确保报刊发行数据的可信度，这些数据只具有参考价值。中国其他的主要报纸及其发行量如下表所示，该表格摘自上海卡尔·克劳股份有限公司（Carl

Crow Inc.）发布的《中国报刊目录》（*Directory of Newspapers in China*）：

天津《益世报》	20 000
北京《京腔报》	21 000
上海《时报》	15 000
北京《议事报》	10 000
上海《新申报》	10 000
上海《中国时报》	10 000
北京《顺天时报》	8 000
天津《大公报》	8 000
香港《华事报》	7 000
香港《中国商业新闻》	7 000
广州《七十二行会商报》	7 000

《商报》没有被列入以上表格，其发行量大约为1万份。中国报纸的平均发行量为1 000份到4 000份。

根据1921年的《中国年鉴》，全国有373种使用本国语言出版的报纸，其中有70种在北京出版，39种在广州出版，12种在上海出版。在北京和广州出版的大部分报纸都是出于特定的政治利益，并且这些报纸的发展随着其背后的政党的变化而起伏。据估计，1922年初，北京有150种报刊，其中80%的发展是很薄弱的，一些报刊的发行量不超过50份。在有固定津贴资助的时候，这些报刊每日发行。当津贴减缩或者停止的时候，它们可能会减少发行，甚至停刊。当得到新的津贴时，它们又会重新振作。

一些组织给这些报纸取了很花哨的名字。有一种报纸叫作《赤》或者《红色报纸》（*Red Paper*），这是一份四页的激进报纸。另有一份报纸叫作《黄》，即《黄色报纸》（*The Yellow Paper*），这是一份刊登耸人听闻的内容的报纸。

当时，全国范围内还出现了其他带有工商业目的或者维护某个行会或联盟利益的政治组织，到处有关于广州“乞丐行会”的报纸记录。更新的此类报纸还有《劳工周报》（*Labor Union Weekly*），由中国联合工会在上海出版，许多中国人都认为这份报纸极其激进。

中国报业的日报领域还出现了另一个具有明显东方特色的类型。为了吸引更多读者，这些报纸的风格都被定位为“茶馆八卦新闻”。上海有“东方巴黎”的美誉，大多数报纸自然要在这座城市出版，但一家由演员协会出版的报纸的总部设在成都这个靠近西藏的边远省会城市。顾名思义，“茶馆八卦新闻”是关于各个茶馆及其常客的新闻及八卦消息，还有更为戏剧性的新闻，即有关中国演艺人员这个特殊阶层的故事，这些演艺人员与日本的艺伎相当。这些出版物经常热衷于隐秘的“地下”发行。主要的茶馆报纸是上海的《阅世报》，这份报纸的发行期超过 20 年。在上海，每天有 10 种这样的报纸问世，一些由不同的歌女资助，她们的名字会出现在每天的报纸上，另一些则主要通过剧院和娱乐场所获取收入。所有的中国报纸都会登载一定量的八卦消息，但是许多报纸都会采取较为含蓄的方式。

中国报纸的构成和外国报纸有很大的不同。每份报纸有 3 ~ 4 张，而不是 3 ~ 4 页。每张报纸相当于 4 页英文报纸，当时每一张中文报纸的两边都标有“第一张”的字样。一般读者购买报纸后，会立刻将它拆开，从左到右一张一张地读。因此，报刊出版者能利用订口空白处刊载更多新闻，消除了美国报纸折叠处的那种空白。由于中国人的阅读习惯是从右到左，因此美国报纸头版上的内容会出现在中国日报的封底上。

报刊上的重要新闻会打上圆圈或者三角形这样的印刷符号，而美国报刊中很少使用这种常规的重点标记。最早的一批中文日报是在英国人的赞助和保护之下创办的，因此这些报纸大多采用英国的排版方式，将最重要的新闻置于中间页，而将广告放在外页。

一份普通的中文日报（以《新闻报》为例）包含以下内容（这里将“张”分割为“页”，以方便西方读者）：

第一张　第1页：除了报纸名称外，这一页完全是广告。该页被水平地分为两半，每一半从顶部到底部都是广告。几乎所有的广告都是同一类别的。任何公司、学校、出版社、工厂或者银行的重要公告都在这一页上。

第2页：这一页同样也刊载广告，多数情况下，几乎全是彩排的公告。需要注意的是，包括《申报》在内的一些报纸拒绝接受此类广告。

第3页：这一页的四分之三版面登载广告，页面左下角是总统的指令——国内电报，这是民国总统沿袭中国皇帝发布谕旨的方式来发表行政命令。

第4页：本页刊载更多的国内电报。页面被横向分为6个栏，每栏的高度平均为3~4英寸。页面左下角会有一篇短社论。

第二张　第1页：上方的横栏用于刊载国内电报新闻、外国电报的译文、无线电文和公众电报。下面的栏里刊载国内新闻。

第2页：该页是国内新闻页，也刊载由各个城市的通讯员发送的次要新闻。

第3页：该页继续刊载城市新闻，页面底部是一篇短社论和通讯稿，类似于美国的日报中刊载的公开专栏。

第4页：这是分类广告页，页面被分为8个垂直的分栏，刊载以下标题的内容：法律告示、公告、寻人启事、失物招领、综合信息和拍卖信息。

第三张　第1页：整页刊载地方新闻，其中穿插少量广告。采用水平横栏的排版形式。

第 2 页：该页为地方新闻简讯、总统发布的法令、一篇社论、法院判决的公告和一些广告。

第 3 和第 4 页：这是娱乐版面，刊登戏院和剧场等广告。

第四张　第 1 页：这一页为经济和工业新闻，以 6 个横栏排版。内容分为单个主题的评论、商业电报、当日外汇市场行情、地方市场行情以及其他商业和金融新闻。

第 2 页：这一页继续刊载经济新闻，但内容主要是有关专利药品的广告。

第 3 页：该页的上半部分是一般市场行情、金融新闻和证券市场行情，页面的其余部分被分割为 12 个横栏，用于刊载航运新闻和广告。

第 4 页：完全是广告页，刊载列车时刻表、剧场广告和普通广告。

除了一些特殊版面之外，大多数中国报纸的版面构成都如前面所述。一些日报采用了美国报纸的排版方式，将新闻放在首页，但是这样做的报纸还是少数。有意思的是，每张中国报纸上面都有一篇社论。商业和金融新闻的版面在过去这些年有所增长，这部分将在后面进行详细讨论。前文未曾提及的是，几乎在所有报纸中，每日连载的小说故事都占有重要的地位。

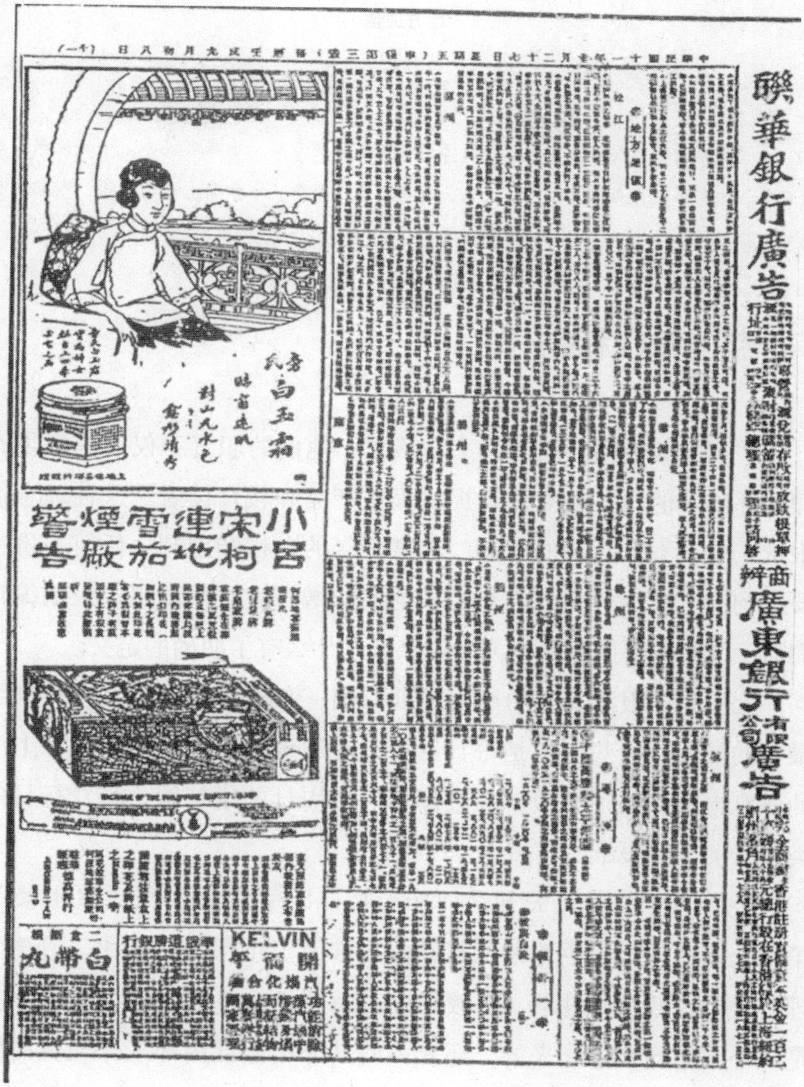
聯華銀行廣告

廣東銀行有限公司廣告

小呂宋柯地連雪茄煙廠警告

白玉霜

KELVIN

白帶丸

图4　上海《申报》的地方新闻和广告页（每张报纸的四分之一）。右下角的大字为广告，在美国的报纸上，这一块应该留作空白以方便折叠。左边为其他的广告。新闻刊载于6个横栏内，每栏内的新闻从上至下、从右向左阅读。

新闻中间穿插的大号字体为标题。圆圈和段首的黑色三角形用于标注重点。靠近第二栏底部中间的一小部分是市场行情，很容易通过直线的标记识别。从下往上数第三栏右侧第一则新闻的部分内容如下：

地方通信

南京

女子体育师范近况。南京女子体育师范学校系体育专家王小峰君创办。一年以来，成绩卓著。本年暑假，第一届特科十余名，均获相当之服务。本学期上课已月余，所聘内外场教员均系著名专家。本科二年级明年暑假毕业……

专刊专栏和副刊

中国的编辑和出版商越来越确信，他们的职责不仅仅是提供新闻和评论，他们还要为读者提供娱乐产品和教育读者。这种理念使报纸产生了不计其数的专刊、丰富多彩的专栏和副刊。任何一份重要报刊都有特定的专刊、专栏和定期的增刊，这都表明了报纸编辑们对于大众想要阅读什么或者应该阅读什么有了明确的定义。

上海是办报活动的中心，报纸专刊、专栏和副刊在上海得到了最大的发展。一些专刊是每日发行，有的每周发行。实际上，上海的所有报纸都成了早报，并且都有一份周日的增补版，其发行目的类似于美国的报纸。

上海《申报》每天刊载两个专栏，即“常识”和“自由谈”。第一个专栏是报社主笔的文章，内容涉及卫生保健、法律、道德伦理、经济、教育、科学、宗教和读者问答。这一部分的许多内容都是从外国报刊中翻译来的，还有一些并非出版社内部工作人员的供稿。“自由谈”包括旅行见闻、小说连载、戏剧评论、诗歌、短篇故事、散文等各种文学作品，内容来源于“常识”栏目中的部分类似稿件。《申报》还出版了两份副刊，一份是周六汽车副刊，这是中国的第一份报纸副刊，是在一家美国汽车经销商的指导下发行的。另一份是周日副刊，刊载专题报道，还有与其他美国报纸的周日副刊相似的内容。汽车副刊在中国新闻界是一次创新，汽车广告商和读者的反应良好，中国大众对汽车表现出极大的兴趣。

《新闻报》除了其常规版面“休闲时光”外，最近增加了两个新的日报版面：一个叫“新知”，提供许多讲述科学知识的译文和原著，部分文章专门介绍现代农业的方法；另一个是经济新闻版，主要提供经济情报、市场报告及讨论、外汇交易等相关内容。“休闲时光”作为中文版的美国专栏，主要刊载幽默文章、故事、长篇和中篇小说、戏剧评论、闲谈、笑话等。

《时报》引以为豪的是其对国内学生的吸引力，它是开办专栏和副刊方面的“领头羊”。副刊《滑稽时报》在中国读者中很受欢迎。这两页的副刊内容为幽默评论、漫谈式的虚构电文、外国活动的消息、新闻特写、国内新闻简讯、有关科学进步的故事、短篇故事、诗歌、最新小说的评论、旅行见闻、中篇小说或连载小说，以及各种文学作品。《时报》是中国唯一有女性专版的大报。该女性专版于每周三出版，主要刊载关于妇女权益、妇女教育的讨论，还有家庭主妇提供帮助，包括缝纫、刺绣和其他内容，以吸引各地的女性读者。这个版面的主编是张昭涵女士，她还担任南京女子师范学校的校长。张女士此前有一位助理王女士，王女士是上海预备学校的毕业生。只有这两位女性与上海的报纸经常联系。她们的工作内容的主题就是女性在社会生活中的解放。

在中国，开办图片副刊的做法始于对美国报纸影印版的模仿，一般采用暖调的棕色、红色或绿色。这种做法率先由《时报》取得成功。这个两页的副刊版面于周一出版，刊载中国和外国的艺术作品、中外名家绘画、中外新闻图片和广告，这些图片都附有说明。这家报纸周四出版一份《每周世界》副刊，讨论国际关系，总结世界新闻，并刊载解释性文章。

上海的其他专刊和副刊还有：《商报》的“休闲时光”、《共和国每日新闻》（*Republican Daily News*）的“觉醒”和“大众”专版

（后者主要刊载社会服务和经济方面的内容）、《中国时报》（*China Times*）的“工商阶级”和“知识之光”（主要刊载中国学者的成果）。

在中国的其他地方，此类专版都由大型新闻出版社发行，出版的频率没有上海高。

这些专刊与报纸之间的关系很有意思，短篇故事、中篇小说和连载小说有重要的地位。对于报纸的所有者而言，小说故事对报纸的发行量最有帮助。中国的小说读者对描写较多情欲的小说感兴趣，那些连载最时髦小说的出版商总能赢得最多的读者。由于许多大报都是在外国公司法的规定之下创办的，一些报纸常常因为刊载淫秽内容而被传唤到法庭进行讯问，那些淫秽内容被刊登在报纸的专栏里或是广告里。这些报纸并不为自己的立场进行申辩，并且通常会支付罚金，因为报纸发行量增大所带来的利润能够弥补罚款。

专刊受到许多中国出版者的喜爱，在良辰佳节尤其受到青睐，如共和国成立的纪念日、端午节、春节（中国农历新年）以及报纸创刊的纪念日都被选作特刊出版的日期。这类特刊中的广告尤其多。在某个纪念日，新闻和广告专栏都会刊载同行的贺词。

在中国出版的“附张”（“号外”）不像在日本那样有固定的周期，中国的出版者还不能很快地利用时机，除非新闻本身具有很大的价值，这样的重大新闻往往会先以手抄公告的形式贴在报栏的长橱窗里。出版的号外通常是中文的单张小页，售价为1个铜板。

因为国人普遍缺乏对体能技巧的兴趣，体育版在中国报纸中未能找到一席之地。只在最近十年间，中国人受到外国训练和竞技的影响，才开始爱上各种各样的体育运动。现在的年青一代中国人踢足球，打篮球、排球、网球和高尔夫球，也在田径项目上发力。但在大众眼中，关于比赛的报道仍欠缺重要性，不够格区别对待，因此此类报道大多被算作一般新闻，偶尔来自大学。1912年上海第五届远东运动会期间，《申报》和其他报纸出版了体育副刊，登载图片、评论和赛事记录。这些副刊迎合了当时已经出现的出版需求，但在运动会闭幕之后，副刊也随之中断。

漫画是中国日报的普遍特征之一，虽然漫画的流行并没有让各报纸雇用漫画家的做法流行起来。大多数出版的漫画由业余人士所作，这些业余人士向编辑提出构思，成画颇为随意。漫画通常根据其主题和质量分成三类，有一个稍显模糊的给价标准。第一等的漫画每幅 3 个银元，第二等的 2 个银元，第三等的 1 个银元。其他漫画有的价格低至 50 个铜板。月底漫画家便能收到现金或者转账的稿费。

由于中国民众不识字，新闻图片成为中国报纸又一个宝贵的特征，日日得以运用。编辑们永远都在找寻照片，并且也有能力处理照片，但中国出版商普遍不精于此道，无法出版干净而清晰的照片。

社论方向与采集新闻

大多数中国报纸由两种群体持有和控制：一种是主要经营其他行业的生意人，另一种是政客和野心家。比起实际的社论方向，编辑和出版人大体更关心出版带来的利益和宣传效果，执行社论方向的任务就落到了下属的肩上。中国没有像美国和英国报刊编辑部那样高度严密的机构，每一家中国报纸都有各自的部门构成和任务分配。

编辑部通常由一名主编领导，主编又可是首席社论作者，又可以兼任类似于美国主管编辑的职位。就更成功的大型报纸来说，主编负责指导编辑部的大方向，还负责制定报纸的方针。

主编以下有若干副主编和多名部门编辑，他们各司其职，有些负责国内电报新闻，有些负责本地新闻，还有的负责副刊和特稿。

在一家报社里，每版都有自己的编辑，他们负责整个版面的工作：版面的国内外新闻、营销、报道的真实与否。

由于社论是报纸的主要特征，社论写作是编辑部活动的大头。普通报纸每天有一篇主要社论，各版上也能找到其他评论。这些社论是学者的作品，经常有人抱怨社论的文体过于古典，普通读者不熟悉的汉字过多，因此这些社论不能满足大众的需要。每个中国记者都有志成为社论作者，社论写作被看作记者生涯的巅峰。

中国报刊采集新闻的方式是随意的，运用通讯员制度和成立常规渠道来获取信息的做法并不流行，大多数新闻只由各种来源泄露出来。多数报道者有自己的职业，因其职业的关系，负责润色消息或传言。受雇的人常在茶馆、绸缎庄、剧院、娱乐场所等大众聚集的地方活动，无论他们带回什么消息，都有钱拿。许多政府官员和办公处秘书依靠给报纸传递消息或透露谣言来增加收入，这些秘书通常也是报馆的正式员工。报馆偶尔派出记者——通常是编辑——去采集重要的会议新闻，但这种情况一般有集会或活动组织者的邀请。这种收集新闻的方法导致报道信息长久以来有失偏颇，错误无法避免，小道消息和流言过多。由于编辑地位基本等同于记者，其工资普遍为 30 美元/月或更低，所以这种职位不为中国青年所追捧。

一些城市中，有一小群人独立于偏颇的报纸之外，他们有潜力打破新闻成规。这些人每天采集新闻，使其他人能够共享新闻、交换新闻，他们的稿件成为“辛迪加”稿件。这些人在某个夜晚的特定时间把自己的“劳动成果”转交给一家日报或多家日报，并按照类似于美国以篇幅计费的办法获得报酬。

本地新闻也通过翻译外报获取，每家大报都拥有自己的职业译员。这些译者收集所有可能获得的外国报纸，并翻译他们认为值得用中文重新出版的新闻条目。大多数采访来自报道中国的外语报纸，或者由看法可取的人为出版社写作。翻译者还忙于把英美报纸的特写文章或特辑翻译成中文以供专栏使用。

中国报纸编辑也是校订人，这经常使得所报道的新闻为达到雇主的要求而进行增减。英式标题在中国报纸上的使用频繁而广泛，例如“一件可怜事”（A Deplorable Accident）。但另一种模仿美式新闻标题的新风格正在兴起。这种新风格的新闻标题是三行题，它能指出故事主旨，信息量比旧风格要大。新闻标题的顶端附有三角形标志。越重大的新闻，三角形的颜色就越深，圆圈和同心圆用来进一步强调其重要性。上海的《东方时报》、《上海商务报》（*Shanghai Journal of Commerce*）、《共和每日新闻》和《益闻西报》都采用这种标题。

除了作为编辑，中国的电报编辑还是电码专家，因为中国所有由电波发出的信息均采用以数字表示的电码。每个汉字都有由固定数字组成的电码，而新闻信息就通过这样的电码发出。这种电码系统的起源，一是因为电码使传播更廉价，几个汉字在该系统下就能变成一个词；二是由于电码让电报运营商更易于传播。电码所用的数字并非汉字，而是罗马数字。大多数电报编辑都精通此道，他们无须电码词典在手就能解码文件，一看到数字便能写出对应的汉字。

中国报纸所用的写作和语言风格正经历巨大改革。二十年前，日报最重要的是文学性，诗歌、古文和名人传记优先于新闻。报纸所用的语言是文人式的。口语常遭贬斥，虽偶尔散见于新闻周刊之中，却更显得式微。现在的出版物则使用尽可能简单的语言，许多出版物已成为口语报或方言报。古语词汇或表达都要经过解释。为了让更多的文盲大众认可，并获得更大的发行量，报纸使出了浑身解数。

在此，我们需要为中国部分编辑和新闻采集者的闲谈风格和不准确作辩护。一般大众读者并不希望报纸上全是新闻事实，而没有解释性评论或社论。在普通读者中，最流行的报纸风格可以说是渗透着作者个人的批评和见解的，而撰写社论则是中国编辑和记者最热衷的工作。

国内外的新闻通讯社

如上所述，中国的新闻业很大程度上具有宣传功能，最能证明这一点的便是国内和国外的新闻通讯社。国内的新闻发布来源均由借助散发偏颇消息从而达成某种政治或商业目的的派别或个人掌控。这种掌控或由官僚机构通过种种手段达成，或由个人经营达成，又或由不获稿酬却有自身偏见的记者造就。

中国报纸一般在报馆所在省份的各个地区都派有记者，规模较大的日报则在国内各地均有派驻记者。北平作为中国政府名义上的政治中心，自然成为最大的政治新闻来源，在北平的记者要比其他地方多得多。北平毫无疑问是世界上受宣传影响最深的首都，连谎言也有理有据，看上去，其脉络也非常清晰自然，即使是敏锐老练的外国记者也常受其害。中国记者是坐在办公室或者政府部门里的小官僚，他们有政治野心，记者是他们拥有官位或变成被收买的职业新闻代理之前用来谋生的手段。即便是一位可靠的记者，周围的政治氛围也让这位睿智的中国人不得不选择站在某一边，再加上全国上下对解读和主观评论的喜好，记者能跳出大环境，作出公正报道的情况是少之又少。

在华的外国通讯社也具有宣传性质，并非另有目的，而是因为一国国民同另一国国民打交道时难免带有民族情绪。尽管在几起重大事件上，这些外国通讯社已经尽力作出了公正报道，但中国的巨大贸易潜力、快速的工业发展，以及众多的未开发资源，使中国在其他国家的眼中具有重要的经济意义，这也多少使流入中国的新闻带上宣传色彩。

服务于中国新闻业的外国通讯社有：

路透社（Reuters），包括路透社一般服务机构和路透社太平洋服务机构，后者只处理远东新闻事务。该机构的所有人及其运营商均隶属英国，是远东地区最大的通讯社。其东方主管尽可能地提供公正的服务。

东方社（Eastern），其服务多数围绕远东地区新闻，也偶尔报道世界其他地区的新闻。该社的所有人及其管理隶属日本。

唯有国闻通讯社是由中国人所有并从事编辑业务的通讯社，报道国外的新闻事件，但对远东以外地区发生的事件报道甚少，且偏向支持中国国民党。

中美通讯社，其前期服务由美国人所有并营运，现在转手给了中国人，其工作人员仍有部分美国人。该通讯社汇集国内外自由撰稿人，通过零散的无线电和邮件收集外国新闻。

亚洲通讯社（Asia）①，中国和日本合作企业，主要报道中日两国新闻。

达尔塔通讯社（Dalta），以赤塔为首府的远东西伯利亚共和国的官方宣传机构。

罗斯塔通讯社（Rosta），苏联政府所有机构，传播来自苏联首都莫斯科和欧陆俄罗斯的新闻报道。

法国无线电通讯社（French Wireless），不归任何机构管理，但它每天通过法国政府设在巴黎的无线电台发出信号，而且主要经由路透社从上海发布新闻。发送信号的主要受益群体是在东方的法国公民。

中国政府辖下的无线电服务机构胶东通讯社的信息来自其他电台播放的新闻。

---

① 即亚洲人通讯社（Asiatic）。——译注

德国无线电信通讯社（Telefunken），德国官方无线通讯社，信息大多从胶东通讯社获取，并通过众多自由通讯社传播。

美国海军无线电台（United States Naval Radio），该新闻机构旨在服务于美国远东舰队，从马尼拉广播，被中国许多无线电台接收。该电台的新闻主要由路透社传播。

1921年夏天，美国合众社建立了一些合作关系，其中大部分是与在华外国新闻机构合作。其他美国新闻机构若要仿效此举，也属可行。

新闻报道多种多样，如罗斯塔社和达尔塔社等通讯社发布的信息是不加掩饰的宣传，这对要分清纯新闻和官方授意信息的中国报纸造成了困难。规模稍大的报纸通过路透社的报道来解决这个难题，但规模小的报纸则没法这么做。这主要牵涉到成本，因为大型新闻传播机构所定的价格高得让中国普通日报望而却步。不同信息服务的报酬不同，传递费从每月100美元到每月2.5~5美元不等，差异很大。每月2.5~5美元的传递费只付给送信人，而非新闻提供人。在某些情况下，新闻传递是免费的。

由于害怕竞争，除了与其政策相悖的新闻，中国报纸通常把收集的新闻信息全部加以报道。中国报纸信任通讯社的公信力，也相信报纸读者能够通过通讯社的名字辨认所发布新闻的特定品牌栏目和特定报道偏向。但这种情况只是少量地出现在能够获取通讯社相关信息的读者群中，或者呈现于小部分表达非常明确的新闻中，对大众读者意义不大。

经济上的弱势阻碍了中国报纸购买充足而精准的新闻信息，阻碍了中国报纸拥有训练有素的记者团队，也阻碍着中国报纸拥有自己的驻外记者。除了这些困难，中国报纸还面临跨越太平洋的长途电缆的天价。华盛顿会议期间，几大报纸派送数名中国记者前去报道，但他们的活动却因新闻传播的高价而受阻。

最近，由世界出版协会（World Press Congress）组织的委员会针对该项情况作出调查。委员会最终建议长途电缆公司降低收费，外国通讯社应该努力提供更廉价、更不具种族歧视的服务。该调查还建议其他国家建立类似于美联社的国内通讯社，但鉴于中国当下缺少训练有素的记者，且报纸编辑之间嫌隙丛生，彼此嫉妒憎恶，此举无法实行。同时，也需考虑国内各政治势力之间意见不合、阴谋迭起的政治氛围。即使中国的报纸愿意团结一致来搞好这样的通讯社，但在目前的情况下，能否建立一个公正的通讯社仍是一个问题。

报纸广告

中国的报纸广告仍处于利润丰厚的增长初期，上海《申报》和《新闻报》等报纸广告的商业成功便是明证。虽然中国报刊刊登广告已有多年，但报刊广告的快速增长却是由近些年战争造成的报业的繁荣带来的。日报的发行量最大，广告收入自然增长，报刊出版发行由此已成为一项利润丰厚、能自我支持的行业。“自然地增长”这一说法是经过斟酌的，因为中国报纸还没领会到广告强势说服力的价值。

中国的大部分广告活动限于运用海报和广告牌，但报纸的发展已使其成长为新的广告媒介，并迅速获得了认同。中国规模巨大的商业界与贸易界还没有意识到报纸广告的价值，但如今他们对部分在华外国企业产生了浓厚而尚有发展余地的兴趣，使这一阶段的报纸出版有利可图，但这种兴趣尚未发展成行动。

中国报纸登载的大部分广告是关于彩票、专利药品、剧院、香烟厂家、书商和出版商，以及当地和外国银行的服务信息。但在上海，报纸媒介得到了所有行业的普遍运用。广告通常配有插图，中国画家的作品尤为生动，他们总能让当地人对插图产生触动。外国广告商嫌弃的粗糙复制品在这儿常能达到期望的结果。

中国的普罗大众无论受过教育还是文盲，都对印刷出版的铅字文本有种尊重感。广告享受了这种尊重的好处，它们往往被看作与新闻同等重要的东西。中国人正在寻找新观念和最新的信息，他们认为从广告专栏里学到的东西应该和新闻一样多。由于中国人对流行报刊的阅读和处理习惯，广告还享有一项好处：一份中国报纸或杂志在变得破烂不堪而无法阅读之前，都得以物尽其用。报刊手手相传，人人得阅，直到字迹模糊，报刊的价格也随着每次传递稍微降低。结果，相比于美国报刊上的一则类似广告，中国的报纸广告寿命更长，产生的可能性周期也更长。

中国普通报纸的广告部门中有专人负责接收提交的广告。几家大型的报馆雇用短期的推销员，但推销员通常身兼数职，这阻碍了它们组建常规性广告部门的计划。中国大多数报纸广告通过广告经纪人卖出。这些广告经纪人靠报纸的广告卖价和广告投放人的开价之间的差价赚钱。许多情况下，广告经纪人通过外国公司的中国首席销售员、会计师或经理做成一部分生意，他们和这些人打交道，也和这些人瓜分所得利润。这种情况对报纸广告经营是有害的，因为许多人不知道一份报纸有插入广告的固定价格，而且一比较开价就会知道，版面有多少，买家就有多少种不同的售价。最近，这些广告经纪人开始组建办事处，为客户提供润色广告、翻译文本和艺术效果的服务。报纸则在一些情况下努力改变现状，开始给予可靠的机构代理折扣。报纸指望广告经纪人获取酬劳，也经常为了版面要求而提前支付。大多数报纸广告经营中有东方人惯常的讲价的热情，经纪人认为卖版面就是讨价还价。

由于缺乏西方报纸常用的专栏，中国报纸版面销售以每平方英寸计，而非以艾格特字行或栏寸位计。版面可以是和新闻版面尺寸相协调的任何一尺寸。若按美国的报纸规格算，新闻版面有大约15

英寸到20英寸；若按中国的测量单位来算，则有20市寸到31市寸或32市寸。广告没有特别的排版形式，不独立，也无偏好的版位。

这种排版风格导致一些情况下不同版位的收费却相同。但一些主要出版商的报价显示了其更加现代的倾向，他们的报价稳定，折算成美元约为：

上海《新闻报》，每平方英寸30美分；

上海《申报》，每平方英寸30美分；

天津《益世报》，每天1/4页，一月140美分；

上海《时报》，每平方英寸20美分；

广州《七十二行商报》，1/4页，一月50美分。

中国各种报纸以及其他出版物的广告部迫切需要的是有效的组织。他们需要标准的报价、广告经纪人群体和训练有素的现代广告人。如上所述，由于许多大报的广告收入让其出版有利可图，如果在外国商人和中国商人中间对中国本土报纸的广告价值进行有组织的宣传，那么其全局发展、优秀编辑和记者的聘用、整体扩张所缺少的资金等问题就能够解决了。毫无疑问，这种发展趋势即将到来，随之而来的肯定是更具影响力和更大型的报纸。

中国广告的最大进步是海报的应用，这也许是通过海报这一媒介，广告涉及的实际产品和服务的外表能够最好地呈现给文盲大众。所有海报上最醒目的部分是对外包装的再现，或者是对产品外观的大致再现，绝大多数的报纸广告情况都是一样。插画占了海报的大头，因为就算不能阅读文字，所有看到海报的人都能够理解。海报广告包括中国的大小商店都频繁运用的大型横幅和布告板，仅次于海报广告的是新式广告，几乎所有能想到的形式都应有尽有。新式广告的主要媒介是说书人或演讲人，他站在店门口吹捧业主的商品。游行招数也被用作广告，几组苦力组成游行队伍，他们穿得像西方身挂广告的“三明治人”。图片日历得到人们的普遍喜爱，即使过了使用期限，这些图片日历也通常被拿来出售。尽管杂志的影响范围更有限，但杂志广告在这方面与报纸广告一致。

报纸发行量

中国报纸发行量的最大阻碍是众多的文盲。在中国，要准确算出受过教育的人与文盲的比例是件困难的事情，比较可靠的记录是，在四万万中国人中，只有不超过一百万人能够阅读并理解报纸和杂志。另外，中国各地不同的口语或者方言也是问题。

由于交通不便，中国的出版物难以达到可能的发行量。水路是主要的交通干道，但多数情况下，水路仅限于河运。中国邮政系统的组织比较合理，但内地某些地区仍旧依靠脚夫或驿站传送数百英里的距离。在长江等大河沿岸，河流交通由于蒸汽船的航线而成为可能。这些航线管理和经营得良好，但相比于西方的邮政火车，它们的传递速度是缓慢的。火车轨道只连接长江以北的大城市，长江以南的大片地区仍旧没有通火车。

中国报纸的发行量还为报纸出版商的保守态度和做法所害。报纸出版商为增加销售量所作的努力少之又少，甚至没有。即便是大报，其发行量的增长也基本不靠宣传。少数报纸为了提高发行量，在邻近城市设立分社或代理人，但是这些努力还不足以形成有效和有计划的促销活动。

中国日报的平均发行量在3 000份到4 000份之间。正如上文已经说明的一样，大报的发行量达到7 000份到100 000份之间。在报纸派送方面，上海《新闻报》首屈一指，其出版人称其发行量达到100 000份，但其他报纸的出版和广告相关人士估计其发行量在45 000份到60 000份之间。上海《申报》排名第二，估计发行量在40 000份到55 000份之间。有趣的是，同上文对广告的讨论一样，中国报纸的实际发行量不能作为报纸订阅者付费的衡量标准。报纸人手相传，价钱随每次的传播稍微降低，直到报纸破烂不堪。在中国蒙古等交通不便的地区，这样的破烂报纸是不难找到的。一位中国银行家最近称，他在蒙古买到了一个月前出版的《申报》。不像英美报纸读者那样，中国人还没培养出对时事新闻的需求，他们对一星期到一个月前的日报的兴趣，同油墨还没干透就已拿到晚报的美国人对日报的兴趣一样强烈。这一事实也促成了中国报刊现在的传播风格。美国普通日报称其一份报纸的读者为 3 名到 5 名，那么中国出版人则可以拍着胸脯说自己一份报纸的读者最少有 12 名到 15 名。①

上海大报的平均订阅费约为每月 90 个铜板，折算成美元约为 45 美分。上海《新闻报》的订阅费最高，为每月 1.10 元，这是送报人在城市的送报价格。报纸的邮寄价格更高，这很大程度上取决于邮资的多少。中国邮局对通过河运派送的报纸提供二级免费邮寄特权，但河运难以到达的地区必须缴纳额外费用。

中国普通报纸在城市的派送由报摊经手。这些报摊根据周围的竞争程度、订阅者的位置和报纸派送的速度定出自己的价格。快速派送的速度比普通派送快三倍。

上海日报的发行掌握在英语国家中所谓报童协会（联盟）的手中。这一组织实质上垄断了报业销售行业，它还用平和或暴力的手段阻绝竞争。该组织已存在多年，与一个帮会联系密切，而该帮会有一群资深成员像董事会一样管理着联盟的内部事务。报纸和联盟之间所有的交涉都要经过这个董事会，出版商实际上任凭联盟支配。

---

① 汪英宾《中国本土报刊的兴起》（p. 47）中有类似的论述："中国报纸的实际发行量不能通过订阅者的数量来测量。……报纸在读者中间传递着，每次交易只赚取可怜的费用，直到报纸破损得看不清字的时候才不得已烧掉（J. W. Sanger. *Advertising Methods in Japan, China, and the Philippines*）。美国每份报纸的平均传阅率为 3～5 个读者，中国的报纸出版人可以很自信地宣称他们的每份报纸至少在 12～15 名读者中间传阅。"——译注

1921 年，因为出版商想要提高对联盟成员的收费，几家报纸和联盟之间起了争执。由于印刷报纸的价格提高，这一举措是必需的。联盟拒绝接受，而出版商尝试雇用独立的报童分发报纸。这一尝试惨遭失败，联盟恐吓独立的卖报人，把他们赶出大街，出版商被迫接受联盟的条件。联盟成员的资格是一辈辈传下来的。张栋国（音译自 Chang Tung-Koo）是上海报童联盟的老大，同时也是中国其他大城市相似联盟的老大，他因卖报活动而成为巨富。

联盟领取的报纸平均价格每份不到 2 个铜板，约为 3/4 美分。联盟成员卖出的报纸价格是平均每份 5 个铜板，每份能赚 3 个铜板。出版商的唯一保证是，卖不出的报纸无须收回。每天联盟领取的报纸数量由联盟成员调节。这些人在出版的前一天去各家报纸的办公室，提出希望接受的报纸数量。上海普通报纸每天约有 25% 的发行量来自街头销售。

很明显，上海日报在城市的发行量依靠联盟的活动。如果出版商试图提高报纸的销量，除非与联盟合作，或至少得到联盟的支持，否则所有的尝试都会被看作对契约和信念的背叛，马上就会遭到反对。现有的唯一出路是通过邮寄实行城市的报纸发行，但这比起利用联盟成本更高。

报纸的印制阶段

中国报纸面对的最大难题也许是机器制作。语言就是难题，中文排版几乎能难倒所有的美国印刷工人。有著述认为，中国文人认识 20 000 个到 30 000 个汉字，最多能认约 40 000 个汉字。每个汉字都是不同的词，因此每当报纸排版用到该字时就需要不同的活字字面。

普通的中文报纸能够将所使用汉字的数量从文人认识的 20 000

个减少到4 000～6 000 个。这意味着，每种铅字字体都须有该数量的汉字。字号从四号到九号不等。排版工要了解每一个汉字，才能开展工作。据统计，中国报纸排字间的普通工人每天完成日常工作总共来回走约3 英里。为了废除这项繁琐事务，有些报馆已经尝试引进新的语音系统，并引进美国制造的带矩阵排字机，但在如今的中国投入使用却不大可能。

中国所有报纸印厂的最大面积的房间都被用作排字间。上海申报馆的排字间有19 个铅字盘，每个盘内有6 000 个汉字。这些铅字盘以离地几英尺的高度斜放，最高达到约6 尺，长度约为20 尺。第二种铅字盘为半圆形，规格同竖着的铅字盘相似。这类铅字盘的放置都以便利为先，最常用的汉字根据词语来源的方根放在一起。例如“人”这一汉字有上百个变种，有名词、形容词、动词，还有副词，在原始的“人”字上用毛笔或铅笔添上一两笔就成了“人”字的变种。这些方根被放置在铅字盘的最前端，而它们的变种放在其后。据说，熟练的排字工能在一小时内排好2 800 个字。排字工在10 岁到12 岁的年纪成为学徒，在18 岁到20 岁时完全熟悉6 000 个汉字，其工资从每月5 美元到20 美元不等。

更现代化的报纸有自己的字体，也有小型的排字机，这些排字机由中国制造，并由手工操作。有些矩阵机产自英美等国家，更多的还是产自上海。

像《申报》、《新闻报》、《时报》、《商报》等上海大报的印刷作业均由美国制造的印刷机完成。申报馆拥有一台电力的48 页六倍轮转印刷机，由 R. Hoe & Company① 公司制造。该报最近还组装了一台 R. Hoe 牌24 页两倍轮转印刷机，作为辅助之用。《新闻报》有一

① 纽约一家印刷设备制造商，由彼得·史密斯（Peter Smith）、马修·史密斯（Matthew Smith）（？—1822）及其内弟、英国移民罗伯特·霍（Robert Hoe）（1784—1833）于1805 年创办，初名 Smith，Hoe & Company。——译注

套印刷机，共四台，从大型的Goss牌轮转印刷机到小型的Duplex牌双面印刷轮机，应有尽有。《商报》拥有一台Duplex牌平台印刷机。所有印刷机都由电力驱动并操纵。

报纸的铅版部门的设备虽然在一定程度上吃紧，但仍能够满足报纸需要，承担出版作业所必需的工作。

只有《申报》和《新闻报》两家上海报纸有照相版部门。这些部门装备有美国照相机、灯光和其他机器，产出作品的名声相当好。另外，除了满足自家报纸的需要，他们还为其他报纸和大众提供照相版的服务。

上述的报纸印制部门在中国首屈一指，一些在远东都有名气，堪与日本报纸媲美。中国小城市的报纸大多数或由德国、英国、美国制造的平台印刷机生产，或者采用原始的手工印刷方式。这些出版物仅有少量的字号，他们的机器用处不大。

大多报纸用纸由瑞典进口，因为中国没有造纸厂能够生产质量过关的新闻用纸，或者其纸张不能放在大报必需的油墨辊上。新闻用纸的进口是中国报纸生产的最大开支项目。在新闻用纸导致高成本的年代，中国报馆出版一份普通日报的花费一度比街道销售的价格还高。在某些情况下，在固定出版之上的任何加用纸张都会使报纸增值。由于中国人在生意交易上常有的精明，所期望的举动被撤销了，因为如果加纸的话，报纸的发行量就需要前所未有的提高。

现代的中国出版商为自家工厂的机器设备倍感自豪，他们常常由于爱炫耀而购买超过其实际需要的机器。鉴于在订阅者的眼中，报馆拥有机器就能大大提高报纸的名声，那么长期来说，这样的投资也许能有回报。

报馆

中国报馆基本上不美观，其建筑外表看起来既不进取也不节俭，其特点与美国报纸的建筑、设备不同。但上海有一座独特的报馆，那就是申报馆。无论外国游客是记者还是外行，这座建筑的某些特征一定能让他们惊讶。北岩勋爵[1]在去世不久前到访中国，据他评论，他曾经见过一只巨大毛虫从头上长出棵小树，也曾经见过一只大螃蟹爬上椰树，扔下个椰子后回到陆地上又敲开了椰子壳，但他从未见过任何像中国申报馆这样令人惊叹的报馆。

申报馆是加固的混凝土结构，在美国建筑师的指导下设计和建成。它是上海山东路报纸聚集地段上的第一栋建筑，这个地段已经成为上海的“舰队街”，大多数上海报馆都坐落在这两个街区内。

申报馆的印刷车间很显眼，位于上海公共租界中区山东路（俗称望平街）与汉口路的西南转角，有着镶厚玻璃皈的大窗户。这间印刷车间是申报馆的重要财产。

第一层设有业务和会计办公室。一般业务办公室是半穹顶，装饰精巧，装有壁画。这座大楼的地板全部由水磨石铺成，一楼的墙面是大理石。业务办公室的大厅用大理石装饰，内里的楼梯连接其他楼层和电梯入口。在一楼和二楼之间有跃层，设小面积的办公室，

---

① 北岩勋爵（Lord Northcliffe，1865—1922），又称诺斯克里夫勋爵，原名阿尔费雷德·查尔斯·威廉·哈姆斯沃斯（Alfred Charles William Harmsworth），是英国现代新闻事业的创始人之一。北岩勋爵曾经创办《回答读者投书》、《滑稽选辑》、《勿忘我》、《甜蜜的家》、《国旗》、《每日邮报》、《每日镜报》、《观察家报》等报刊；1894 年 8 月，他购买了伦敦《新闻晚报》；1908 年，他取得了对《泰晤士报》的控制权。北岩勋爵致力于新闻改革，主张新闻写作简练易懂，并应用地图、照片注解报道，建立了英国最早的报团——北岩报团。1905 年，他被授予贵族爵位。第一次世界大战期间，他成功地指导了英国的战时宣传。1921 年 11 月，北岩勋爵来到中国，与《申报》经理史量才进行了会晤。1922 年回国途中瘫痪，同年 8 月 14 日在伦敦逝世。——译注

供部门编辑和秘书使用。

第二层有装潢精致的主管办公室的服务，设有编辑办公室、排字间、铸字间和造矩阵间。

第三层有间大的主管会议室，也用来接待来访的中外记者和官员喝茶进餐；还有一间员工餐厅，为各报记者提供送饭到办公室的服务；三层还有接待室和部门办公室。

第四层设有供编辑和业务人员使用的房间，这是美国报社所没有的。申报馆为单身的编辑和员工提供宿舍，这些单身编辑和业务人员通常把家小留在家乡，只身来沪找工作。

第四层还有照相版研究室、发行部的文件室和出版部的图书室，里面有《申报》的完整文件和编辑工作所需要的书籍。这里是通往中国报纸资料库的最佳捷径。

第五层是楼顶花园，这是这座建筑最非同寻常的部分。楼顶花园占这层楼一半的面积，藤架上爬满了藤蔓，还有盆栽的花卉。这层楼的另一半是《申报》出版人所谓的“休闲室”，这里有理发室、麻将和纸牌馆、台球室，还有一间带传统英式壁炉的小餐馆、一间小厨房和一间客房。客房是供报馆招待贵宾休息的地方，里边有装潢过的寝室和私人浴室。站在此处，客人可将整个屋顶花园尽收眼底。这里还有包括电话在内的所有现代化的便利工具。

上海另外一座现代化报馆建筑当属时报馆。这座建筑是欧亚风格，显然没有申报馆那样富丽堂皇。时报馆将这栋建筑作为自己的商标和标志，因为《时报》在中国又称《塔报》，时报馆也将自己的馆楼建成宝塔状。时报馆还有出版生意，主要从事中国古老艺术杰作的选辑制作。《新闻报》报馆正计划建筑新楼，因为它如今的所在地是一栋古老的中国建筑，不堪大用。

中国报业协会

政治上的阴谋诡计伴随着中国报纸出版商之间的嫉妒和敌意，使得全国性报业协会的成立难之又难，甚至像美国那样的地区或州际报业协会也难以成立。在此类活动顺利进行之前，某一分子或某一派系经常控制协会，挑起不和与分裂。

1921 年，全国报业大会曾经在北平召开会议，具体时间为檀香山万国报业大会①之前的几个月，可是由于政治原因和执行上的困难，会议无法举行。但已存在几家城市报业协会，这些报纸由于一致的目标而成功地团结到一起。

中国最大的城市报业协会是上海市中国报纸行业协会，该组织的成员有 12 家报纸。然而，两家大报没有加入该协会。上海市中加

---

① 1921 年 10 月 11 日至 11 月 1 日，第二届报界大会在檀香山玛霞瑙旅馆会堂举办，共召开了 10 次会议。来自世界 50 多个国家的 2 300 多名代表参加了大会。中国报界《申报》代表王伯衡、《密勒氏评论报》和天津《华北明星报》代表董显光、上海日报公会和英文《大陆报》代表许建屏参加了第二届世界报界大会。大会上，美国总统哈丁（Warren G. Harding）被聘为大会名誉主席，他宣读了世界各界人士发来的大量贺信贺电，其中包括上海《申报》经理史量才致第一届世界报界大会主席沃尔特·威廉（Walter Williams）博士的公开信。王伯衡被指定为提案委员会（Committee on Resolution）委员，许建屏为会章委员会（Committee on Constitution）委员，董显光为会务委员会（Committee on Nominations）委员及证书委员会（Committee on Credentials）委员。在大会讨论中，董显光、王伯衡、许建屏、黄宪昭分别作了题为《中国记者对于世界记者之谨告》、《中国印刷之历史及中国与报界密切紧要之关系》、《中国报界对于世界报界之意见》、《美国宜组织一新闻记者团至中国》的发言。《申报》开辟了《檀香山通信》专栏，及时报道大会情况。在 10 月 20 日下午第二届世界报界大会第九次会议上，沃尔特·威廉再次当选为世界报界大会会长，史量才当选为副会长，广州报业公会和广州《明星报》代表黄宪昭当选为副会长。

1915 年 7 月 6 日至 7 月 10 日，世界报界大会（The Press Congress of the World）在美国旧金山召开成立大会，来自世界 29 个国家和地区的 956 名代表出席了大会，沃尔特·威廉当选为首届世界报界大会会长。北京报界公会代表、广州《时敏报》代表、《香港华字日报》代表李心灵、《循环日报》代表杨小欧、英文版《北京日报》代表冯穗等人应邀参加大会。1915 年 8 月 19 日，《申报》以“万国报界公会开会纪”为题报道了首届世界报界大会召开的情况。——译注

报纸行业协会主要保护普通报纸的出版利益，也联合成员接受和传播所有的“总统”指令和政府公告信息。

第二个重要的组织是中国记者俱乐部，1921 年在上海成立。中国记者俱乐部设有俱乐部活动室，但其性质和美国报业俱乐部一样，俱乐部成员是各报的编辑、助理编辑或记者。俱乐部部长为许建屏①，他是中国最具知名度的青年记者之一，毕业于密歇根大学，曾为《底特律新闻》（*Detroit News*）记者，是出席华盛顿会议的三名中国记者之一。俱乐部成员聚在一起，主要是为了学习和交换观点。俱乐部每月都会邀请一位外国报人前来演讲，演讲人是住在上海或中国其他地方的居民，或者是在上海作短暂停留的旅客。

杂志和出版社

随着中国报纸的发展，杂志领域也出现了相似的发展。作为这种出版物的老祖宗，汉朝的《西京杂记》又有了后代，正如多年来西方土地上的杂志在老树开花一样。所有类型的杂志都由机构、私人和出版社出版。一些混合型出版社的业务横跨报纸和杂志，一周或十天出版一次报纸。

上海不仅是中国报纸出版的中心，也是杂志和出版社的活动中

---

① 许建屏（1889—1968），字鉴平，浙江嘉兴人。1907 年毕业于上海华童公学，同年参加剑桥大学在上海的首次招生考试。这次考试仅有 5 名中国学生参加，许建屏顺利通过。1908 年起任上海一家外国律师事务所的翻译。1909 年任上海《渝商报》记者。1910 年通过清华留美预科学校招生考试，赴美留学，入密歇根大学。1913 年获“考夫曼讲演奖”（Kauffman Medal），同年开始任密歇根大学校报《密歇根日报》（*Michigan Daily*，1890 年 9 月 29 日创刊）编辑。1914 年毕业后担任《底特律论坛报》（*Detroit Tribune*）新闻版助理编辑。1915 年初回国，从事律师工作。1917 年应邀担任英文版《大陆报》编辑。1921 年出席檀香山万国报界大会及华府会议。1922 年出任《大公报》主笔、《大晚报》总经理等职。1928 年任国民政府工商部秘书。1934 年担任财政部总务司司长。1941 年出任汪伪中央储备银行调查处处长、中央信托公司总经理等职。1943 年任汪伪中央保险公司经理。——译注

心。中国的大多数杂志都在上海出版，最具影响力的系列出版物由商务印书馆出版。《东方杂志》模仿《世界工作》(*World's Work*) 和《评论》(*Review of Reviews*) 的办刊模式，是这一系列出版物中颇有声望的刊物。该杂志内容格调高尚，收录的许多文章都是由中国当今最优秀的学者撰写。该杂志是月刊，发行量为22 440份。

《小说月报》是商务印书馆最受欢迎的刊物之一，刊登原创的中文小说和外文翻译，发行量为29 000份。该杂志的特点是其流行的原因。商务印书馆还出版中国版本的女性杂志，《妇女杂志》(*Ladies' Journal*) 月刊的发行量达到11 490份。儿童月刊《少年杂志》总订阅量为27 240份。商务印书馆出版的其他杂志有：《中国学生季刊》，发行量为5 000份；《教育杂志》月刊，发行量为28 460份；月刊《农业杂志》，发行量为3 000份；《英语周刊》(*English Weekly*)，发行量为28 850份；《英文杂志》(*The English Student*)，发行量为28 850份；《学生杂志》月刊 (*Students' Magazine*)，发行量为25 300份。

正如美国记者卡尔·克劳的《中国报刊目录》收录的报刊所示，中国其他大众杂志及其发行量和出版地如下：

《建设》：月刊，上海，发行量5 000份。

《意象画杂志》：上海，创刊于1918年，发行量5 000份。

《人民之声周刊》：发行量2 000份。

《进步》：月刊，基督教青年会，发行量2 500份。

《中国棉花杂志》：月刊，上海中国轧棉厂业主协会，发行量1 000份。

《上海青年人》：月刊和周刊，基督教青年会，发行量2 200份。

《中国护士季刊》：上海。

《科学世界》：月刊，上海，发行量2 000份。

《中华全国医疗杂志》：季刊，上海。

《东大医疗杂志》：月刊，上海。

《光器医疗杂志》：双月刊，汉口。

《大众医疗杂志》：月刊，北京。

《绍兴医疗和药剂杂志》：月刊，绍兴，发行量1 000份。

《南华医疗杂志》：月刊，广州。

这一杂志列表是不完整的，仅收录了流行杂志和出色的杂志。列出的医学期刊数量众多，这或许说明了外行人对医学有着浓厚的兴趣。还有数不清的小说出版商，他们迎合的是趣味低级、只追求感官享受的粗俗读者。这些出版商在中国较高阶级中间没有声誉可言。

中国杂志发展中的一个趣事是行业出版物数量的增加。中国人急切地想知道更多有关贸易行业的知识，因此他们对行业出版物抱有强烈的兴趣。《中国棉花杂志》某种意义上讲是技术性出版物，由中国轧棉厂业主协会出版。最著名的中文行业出版物有《中国工程师与承包商》和《中国药剂师与药商》。两本杂志都是月刊，前者发行量达3 000份，后者发行量为2 500份。这两本杂志均由贸易杂志出版公司（Trade Journals Publishing Company）出版，该公司董事长和经理是卡尔·克劳，他是密苏里大学的毕业生，也是在华出版业最权威的外国专家。

除了期刊出版领域，国人对书籍的兴趣也在激增。中国书籍的出版中心也在上海。书籍出版领域内，商务印书馆占优势地位，接下来是中华书局。最近，中国教育主管部门发布了一项声明，委托商务印书馆印刷全国所用40%的教科书。又有统计表明，商务印书馆所印书籍占到了大众阅读出版物的70%。

商务印书馆可以说是出版领域最有趣的研究对象，因为这家企业完全是在中国人的管理下，从一家小印刷厂成长为中国最好的出版社。商务印书馆现有价值500万元的股票总额，在编员工约为4 000人，另雇有1 000多人承担计件工作。一年中大多数时间内，商务印书馆要例行公事进行两次轮班，一次在夜里，一次在白天。馆内几乎所有年轻的管理人员和部门领导都是美国高等教育机构的毕业生。

商务印书馆的活动繁杂。如前所述，它在中国的期刊出版界独占鳌头，在教科书和大众书籍出版领域也占支配地位。另外，商务印书馆从事各种商业出版和石印出版；它在自己的商店内设置印刷机，兼有自用和商业用途；它为各类学校提供各种实验室和机器设备，其中大多数是由它自己的车间制造的；它制作益智和普通的玩具；它印制新奇的锡罐和纽扣；它拥有一间大型照相版工厂。最近，商务印书馆还开设了中国第一间电影工作室，这间工作室被用来制作教育片和流行戏剧。商务印书馆制造自有品牌的墨水，也生产普通的墨水，参与其他与学校用具或出版生意相关的活动。

商务印书馆的业务部由一名受过美国教育的中国人管理，他在办刊过程中运用了许多在美国学到的办公实务，包括复式簿记系统。该公司为员工提供社会公益服务，包括购买保险和养老金，还为员工的孩子建立学校，并设有一间囊括阅读室、游戏室、洗浴设备、合作商场、夜校教室和其他设备在内的俱乐部会所。另外，该公司还为员工设立图书馆，其中藏书包含中外书籍和报刊。商务印书馆在上海商业中心区设有一个零售与批发部，它还在中国其他主要城市设有分社，一些分社拥有小型印刷设备。

第六章　在华外国报刊

外国出版社比中国出版社开办时间长、设备好，即使有证据表明世界上最古老的报纸和杂志属中国所有，但中国现有的日报却是早先英美人士在广州、香港报业的基础上努力的成果。中国本土新型报刊便是这些英文周刊和月刊的衍生物。

外语出版依旧在中国维持着较大影响。当然，出版物在语种所属国读者之间的影响要大于在中国人之间的影响。清政府对列强的让步和妥协，同时意识到在这个幅员辽阔的国家中某些地区已成为某个西方列强所影响和活动的范围，这些因素都促进了出版社在中国的成立和维持。欧美在华人群中确实存在一种国民意识，这一直使他们在中国具有世界上其他地区都没有的稳定感。由于客户、编辑和出版商的利益驱使，外国出版社自然带有感情色彩，也存在偏见，但还不至于到引发抗议的程度。偶尔的情形是，它们仅仅依靠中国或外国的政治或商业机构划拨的津贴来生存。鉴于这种状况，外国出版社的生存和维系实属不易。

在华最古老的外国报纸是香港的《德臣报》，它创刊于1845年。这家报纸的发行量有1 500份。第二家在华出版的外国报纸是上海的《华北捷报》(*North China Herald*)，它创刊于1852年，之后更名为《字林西报》，成为中国阅读最广泛、影响最深远的外国报纸。《华北捷报》由英国人所有，也由英国人编辑。《字林西报》的发行量约为5 000份。

就创刊历史而言，继上述报纸后创刊的是《孖剌报》，它现今的发行量为 3 000 份。与《德臣报》和《字林西报》一样，《孖剌报》由英国人所有和编辑。

唯一的在华美国报纸是 1918 年在天津创立的《华北明星报》（*North China Star*）。如果将这份报纸说成是一份完全的美国报纸，显然不太妥当，因为它的部分所有权属于中国人。《大陆报》（*The China Press*）完全仿效美国的排版和新闻采集模式。该报由密勒（Thomas Franklin Millard）[①]、卡尔·克劳[②]、费莱煦（Benjamin W. Fleischer）[③] 三名美国人创立，其中密勒和克劳是密歇根大学的毕业生，费莱煦现在是东京《日本广告商》（*Japan Advertiser*）和《跨太平洋杂志》（*Trans-Pacific Magazine*）的编辑和出版人。《大陆报》在几年前仍由中美共同所有，后转卖到英国人手中。在社论导向和新闻传播方式上，它仍属美式，发行量约为 5 000 份。

其他英语报纸的所有人国籍、创刊日期、发行量、所在城市如下：

《广州时报》（*Canton Times*），中国人，1918 年，1 000 份，广州；

《华中邮报》（*Central China Post*），英国人，1904 年，1 000 份，汉口；

《华南早报》（*South China Morning Post*），英国人，1 500 份，香港；

---

① 密勒（1868—1942），美国新闻工作者，曾在华办报、从政。——译注

② 卡尔·克劳（1884—1945），出生于美国密苏里州，是民国时期活跃于中国新闻界的著名报人和企业家，《大美晚报》的发起创办人之一。从 1911 年到 1937 年，卡尔·克劳定居上海，创办了中国第一家近代广告公司卡尔·克劳公司，经营达 19 年之久，首创老上海美女月历牌。卡尔·克劳是坚定的亲华抗日分子，见证了中国近代许多重要历史事件。20 世纪三四十年代，卡尔·克劳撰写了《我为中国人说话》（*I Speak for the Chinese*）、《四万万消费者》（*Four Hundred Million Customers*）等大量关于中国报业、商业、宗教和文化的著作。他去世前仍有很多书稿未出版。——译注

③ 费莱煦（1870—1946），美国记者，曾在华办报。——译注

《香港电讯报》(*Hongkong Telegraph*)，英国人，1881 年，1 500 份，香港；

《北京导报》(*Peking Leader*)，中国人，1918 年，500 份，北京；

《北京时报》(*Peking Times*)，中国人，400 份，北京；

《北京每日新闻》(*Peking Daily News*)，中国人，1910 年，500 份，北京；

《上海信使报》(*Shanghai Mercury*)，日本人，1865 年，3 000 份，上海；

《上海公报》(*Shanghai Gazette*)，中国人，1912 年，1 500 份，上海；

《上海时报》(*Shanghai Times*)，英国人，3 000 份，上海；

《华北日报》(*North China Daily Mail*)，英国人，500 份，天津；

《京津泰晤士报》(*Peking and Tientsin Times*)，最好的外国报纸之一，英国人，1894 年，950 份；

《中国评论》(*China Critic*)，英国人，300 份，天津；

《北华正报》(*The North China Standard*)，日本人创办的日报，在北京用英文出版。

除了英语报纸，代表性法语报纸有：《北京新闻》(*Le Journal de Peking*)[①]，创刊于 1911 年，发行量大约为 500 份；《中国法汇报》(*L'Echo de Chine*)，创刊于上海，发行量同样为 500 份；《天津回声报》(*L'Echo de Tientsin*)，在天津出版发行，发行量有 300 份。

代表性俄文报刊有：在上海出版发行的《上海生活》(*Shanghai Life*)、《俄罗斯之声》(*Russian Echo*)；在哈尔滨出版发行的俄文日报《满洲》(*Manchuria*)、《呼吁》(*Priziff*) 和《俄新社生活周刊》

---

① 《北京新闻》法文名称应该为 *Le Journal de Pèkin*，原文作 *Le Journal de Peking*。——译注

(*Novsti Zhizni*)。

同英语报纸的规模分庭抗礼的是日本报纸。在中国出版的日文日报有：《安东新报》(*Anto Shimpo*)、《北满日报》(*Ho Hu Man Nichi Pao*)、《满洲里日日新闻》(*Manshu Nichi Nichi Shimbun*)、《辽东新报》(*Ryoto Shimpo*)、《汉口日报》(*Hankou Nichi Nichi*)、《香港日报》(*Hongkong Nippo Sha*)、《大陆日日新闻》(*Tairoku Nichi Nichi Shimbun*)、《奉天日报》(*Hoten Shimbun*)、《每概通信》(*Mai Gai Tsushin*)、《上海日日新闻》(*Shanghai Nichi Nichi*)、《上海每日新闻》(*Shanghai Shimbun*)、《铁岭时报》(*Tsurin Je Pao*)、《青岛新报》(*Tsingtao Shun Pao*)、《满洲新报》(*Manshu Shimpo*)。《辽东新闻》(*Ryoko Shimpo*) 是在辽阳出版发行的日文三周刊，《满洲商业新报》(*Mantetsu Tokushokai Zasshi*) 和《大陆报》(*Tairiku*) 是在大连出版发行的两种月刊。

除了报纸，还有许多英语杂志在中国出版，其中大部分是传教士团体或专业群体的出版物，如《博医会报》(*China Medical Journal*) 是中华医学会出版的月刊，《中国政治社会评论》(*Chinese Political and Social Science Review*) 由一个中外人士组织的同名协会出版。

大众期刊有：《远东评论周刊》(*Weekly Review of the Far East*)，原名《密勒氏评论报》(*Millard's Review*)，在上海出版，是一份定位于政治和财经新闻的大众出版物，其出版商鲍威尔 (J. B. Powell)[①] 毕业于美国密苏里大学新闻学院；《中国远东商业金融报》(*China and Far East Commerce and Finance*)，英国人所有，是在上海编辑和出版的财经周报；《华北商报》(*North China Commerce*)，在天津出版发行的商业周刊；《远东评论》(*Far Eastern Review*)，美国月刊，

① 鲍威尔，美国报人，曾经担任《密勒氏评论报》编辑。——译注

在上海发行的中国持续出版时间最长的英文出版物，致力于报道政治、商业和工程内容；《东方汽车报》（*Oriental Motor*），一家关于美国汽车的月刊，在上海出版发行；《东方广告报》（*Oriental Advertising*），法国人拥有的一份英文期刊，由美国人编辑，月刊，在上海出版发行；英国人所有的《劳埃德船舶协会周刊》（*Lloyd's Weekly*）和意大利人所有的《中国观察报》（*China Observer*）是在上海出版发行的两份定位于世俗化新闻的周刊。

每种外国报刊采取的版式都同其母国相似，它们吸引的读者大多数是它们自己国家的。但一小群受过教育的中国人也阅读外国报刊，另一些在美国教会学校及大学读书的中国学生也阅读外国报刊。

根据许多人表述的观点来看，外语出版物已经达到了顶峰，外国国民流入中国的人数增多，这些都导致报刊活动的进一步拓展。据说，过去几年中国报纸的快速增长及其引发的广告潜力会削减外国报纸在这方面的活动。在华盛顿会议上，与会代表预测西方各国在华特权和割让土地归还中国的话，会进一步限制在华外报的活动。

第七章　中国的新闻教育

中国舆论力量的增强，教会学校和公立学校、大学以及在国外受教育的中国青年的增加，加之领导者迎合民众以求受欢迎的必需，这些都在中国受过良好教育的阶层中间催生了对新闻素养及其训练的广泛兴趣。中国在新闻教育方面进行了几次尝试，更多的计划正在拟订中。

中国第一个新闻学专业课程由美国圣公会学校、上海圣约翰大学校长卜舫济（F. L. Hawks Pott）[①] 博士创立，1921—1922 学年在该校讲授。该课程不仅是中国首堂，而且是亚洲首次。课程主要内容学习了密苏里大学新闻学院的教学计划，一份周报被用作实习园地，该报在教员、校友和学生之间发行，发行量为 1 000 份。周报的作者被尊为讲师和报纸主管，管理整个班级。1922 学年到 1923 学年初，教学得到扩展，包含了几节课程，也增加了固定的教员。莫瑞斯·沃陶（Maurice Votaw）[②] 是密苏里大学新闻学院的毕业生，他作为新

① 卜舫济（1864—1947），美国圣公会遣华传教士、教育家。上海圣约翰大学校长。——译注

② 莫瑞斯·沃陶，美国新闻学教授，曾来华任教。——译注

闻学教授和大学出版商，管理着中国首个新闻专业的培训。①

上海沪江大学是浸礼会学校，该校也在计划讲授新闻学课程，由密苏里大学新闻学院毕业生海登·尼克尔斯管理。② 上海复旦大学是中国的公立学校，在许建屏的授意之下，该校1922年会设立系列新闻学讲座。许建屏是一名中国记者，他是密歇根大学毕业生。

近几年，国立北京大学在推进一项规划，旨在建立一个有组织的新闻学院，但由于缺少资金，具体落实受阻。上海商学院作为政府公立教育机构南京东南大学的分校，也在安排于1923年之内创立新闻系。

这些新闻教育的努力得到了中国报纸所有人、出版商和编辑的鼓励。就像美国新闻界多年来对新闻教育抱有的不信任一样，中国

---

① 赵君豪《中国近代之报业》（商务印刷馆1939年版，第196～198页）第二节“新闻学之课程”的论述如下：“我国新闻学校之课程，当局尚无明文规定，现时各校所讲授者，多系根据美国大学之课程，参照国内实际情形，自行签订，而美国大学之教本，又未合我国之需要，故各校教师，率凭一己经验，参以理论，自编讲义，此系一般情状也。至学生实习，则以经费困难，设备不全，机会甚少。若为培养报业人才着想，关于课程实习以及出路诸方面，均有应加以研究者。”

“新闻课程评述：各校新闻学院之课程，虽无法一一予以讨论，然就作者所知，则有新闻学概论、报馆管理、评论作法、编辑与采访、发行学、广告学、出版法、报纸印刷术、时事问题研究、国外新闻事业、本国新闻事业诸门。以上各课，自表面观之，如能善自研究，将来卒业之后，必可充一优秀记者。但考其实际，则事实与理想相去甚远，盖报纸为社会大众读物，包罗甚广，若仅从事上述各科之研究，其结果只能明瞭报纸构成之因素，未可担任实际工作，一旦深入编辑室中，仍将遭逢极大困难，绝对不能应对裕如。新闻学院学生入报社工作者，亦不乏其人，如不抱有成见，当认作者之言，并不虚诞也。穷以报纸为时代反映，内容复杂，范围至广，若不于社会科学有相当基础，则虽熟读一切新闻学课程，亦无法担任工作。反之，如于社会科学有若干素养，再加以新闻学科之研究，则在报社工作时，偶遇复杂事件，必可凭个人理智，寻求解决之道矣。依作者见解，大学之新闻学院中，不必以四年时间，尽作新闻学科之讲授，最初二年，应授以新闻学理论与社会科学，而后者较新闻学课程尤为重要。后之二年，则以大部分时间从事实习，如是方可养成有用之新闻人才。抑尤有进者，我国新闻学校所授课程，似专训练普通日报之记者，并不分为若干系，故对于学生之出路至受影响。兹以美国威斯康辛大学之新闻学校而论，则分为若干系，如日报系、普通报系、广告系、杂志系、教师系，分别训练，各授以专门知识，一俟毕业以后，可依其所学而谋得职业，非若我国之新闻学院学生非日报记者不能为业。”——译注

② 海登·尼克尔斯，美国人，曾来华任教。——译注

报人、出版商和编辑对新闻系毕业生的实际价值仍然持有怀疑态度。中国新闻学系的一个首届学生现在是上海《申报》的副刊编辑。虽然本国新闻界还不完全信任新闻领域大学教育的价值，但这种教育在中国已逐渐被认可。反对的原因主要是基本上用英语进行的教学，教员对中国新闻界的情况也不熟悉，但这种窘况能在短时间内被克服。编辑需要有更现代化的观点、更高尚的理想以及制造和引领舆论的能力，对自己的专业感到自豪，还需要有经营中国新闻事业的能力。中国需要此等训练有素的编辑，这毫无疑问将促使报纸、杂志和出版界从业者接受高等新闻教育，也将极大地提高和完善中国新闻业的标准。

图 5　1921—1922 年上海圣约翰大学首届亚洲新闻班

图6　两类中文排字间。上图是上海《新闻报》带有活字分格盘的排字间，下图是上海《申报》的排字间。

中国新闻业的未来

中国未来的报纸和杂志能为统治阶级和公众服务，实现经济利润，为大众教育等方面提供前所未有的机会。中国新闻业正站在发展的路口，如今正在进行的新闻事业当属开天辟地的创举。日本新闻业的特点便是惊人的发展，这或许预兆着中国新闻业即使身处世界最严格出版法的限制之下，也能迎来如此的发展。

现在，中国新闻业被大环境束缚着。政局混乱不堪，对各省总督的腐败缺乏约束，本土报刊对外国势力保护的需求，这些都阻碍了中国新闻事业的发展。人们曾经存在一种认知，觉得记者只是虚假文人，无须以任何严肃的态度对待。这种认知现在已经转变，许多恪守原则、人格高尚的人士进入了新闻领域。国内男女大学生对新闻行业日益增长的兴趣也是一个有益的信号。资深的新闻人感受到了年轻人的兴趣，比起十年前对新方式和新观念的认知，年轻人更开放。报纸之间的竞争也日益激烈。

报纸的发展为运输方式及传播方式的不力所困。中国电报线路尚未给予新闻传播行业像其他各国那样的特权，电报公司反而截留新闻信息，直到所有消息汇集起来了才发送。长距离电话线路并不存在，铁路线缺少网络，不仅阻碍了新闻业的进步，还拖累了整个国家的发展。各个地区彼此分隔，相对也不了解彼此的行动和思想。

人们的普遍观念是，新闻业主要是为了宣传，为了进一步实现个人、党派和国家的政治野心而存在的。这样的观念是一个让中国出版界纠结的问题。中国作者还没有学会西方作者所特有的客观公正，他们还没有把小道消息、流言与事实、准确描述的新闻敏感和判断区分开来。

近乎全国性的文盲状态阻碍了真正且主动的公共意识的产生，也妨碍了公众认识整个国家的问题，这对记者来说更是前进道路上的一块绊脚石。只有加大力度推进大众教育，才能根除这种现象。与中国的其他问题一样，这也需要更好的政府、更诚实的官员和更好的传播方式。

虽然存在这些困难，但新闻业正在中国取得切实的发展，从快速增长的报纸总发行量上就能发现这一点，这也是报纸在公众中间越来越受欢迎的征兆。从过去几年发生的事件之中，也能找到无数舆论正在觉醒和传播的案例。

中日战争期间，中日两国政府签署《兰辛—石井协定》(*Lansing-Ishii Agreement*)[①] 以后，中国报纸的头版头条大意是美国全盘承认日本的对华要求。这种报道的结果是，全中国几乎所有阶层的人民都陷入了义愤填膺和群情激昂的狂潮中。他们在了解这项外交政策的真实意图之后才平静下来。另外，在中日政府签署了“二

① 《兰辛—石井协定》,1917 年 11 月 2 日签署，是日本外务大臣石井菊次郎与美国国务卿兰辛就分割在华殖民权益达成的协定。该协定承认日本在华特殊利益，保证中国领土完整、门户开放、工商业机会均等。第一次世界大战期间，日本趁欧美列强无暇东顾，竭力扩大在华权益，招致美国的不满。1917 年，日本特使石井菊次郎即赴美展开谈判。他要求美国承认日本在华利益，美国国务卿兰辛则提出美日共同“尊重”中国领土完整与门户开放。双方于 11 月 2 日交换公文，当中规定，美国承认日本在中国拥有“特殊利益”；日本同意两国有权“维护”中国领土完整，以及门户开放、机会均等。美日拿中国主权做交易，激起中国人民不满，中国政府也不承认协定。此协定是“一战”时日美两国的暂时妥协，《九国公约》签订后，此协定于 1923 年被废除。——译注

十一条"[①] 之后，还爆发了学生运动以及由中国新闻界发起的抵制日货活动。

---

① "二十一条"是日本向中国提出的不平等条约，导致了《中日民四条约》的签订。1915年1月18日，日本驻华公使日置益晋见袁世凯，递交了二十一条要求的文件。这二十一条要求严重损害了中国的主权，袁世凯不敢立即表示接受。消息一经传开，反日舆论沸腾。欧美列强对日本损害他们在华侵略权益一致不满，纷纷给予抨击。此后日本帝国主义以威胁利诱的手段，经过5个月的交涉，迫使袁世凯政府接受企图把中国的领土、政治、军事及财政等都置于日本的控制之下的二十一条无理要求。1915年5月9日，袁世凯政府接受日本政府最后通牒，承认耻辱的二十一条的要求，这些条款也称中日"二十一条"。"二十一条"是要将中国的政治、军事、财政及领土完全置于日本的控制之下，把整个中国变为日本的殖民地。这不仅是对中国主权的严重侵犯，而且也威胁到美英帝国主义在中国的权益。袁世凯不敢立即表示接受，搞起秘密外交。他为了换取日本对其复辟帝制的支持，派外交总长陆征祥、次长曹汝霖和日本代表日置益秘密谈判。在谈判期间，日本侵略军以换防为名，增兵东三省、山东、天津等地，进行武力威胁。5月7日，日本提出最后通牒，要求袁世凯除对第五号条款声明"容日后协商"外，公开承认日本的要求。日本怕引起帝国主义列强的干涉，最后也未敢坚持第五号条款。"二十一条"是日本帝国主义以吞并中国为目的而强加于中国的单方面"条约"，袁政府事后也不得不声明此项条约是由于日本最后通牒而被迫同意的。此后历届中国政府均未承认其为有效条约。

"二十一条"共分五大项：

①承认日本继承德国在山东的一切权益，山东省不得让与或租借给他国。

②承认日本人有在南满和内蒙古东部居住、往来、经营工商业及开矿等项特权。旅顺、大连的租借期限并南满、安奉两铁路管理期限均延展至99年。

③汉冶萍公司改为中日合办，附近矿山不准公司以外的人开采。

④所有中国沿海港湾、岛屿概不租借或让给他国。

⑤中国政府聘用日本人为政治、军事、财政等顾问。中日合办警政和兵工厂。武昌至南昌、南昌至杭州、南昌至潮州之间各铁路建筑权让与日本。日本在福建省有开矿、建筑海港和船厂及筑路的优先权，等等。

随着护国运动的开展，袁世凯最终死去。该条约的部分内容由于影响到其他国家的在华利益，第一次世界大战结束后，在1922年的华盛顿会议上被废除。随后条约内容不断被改写，直至1945年日本在第二次世界大战中失败后被彻底废除。——译注在华盛顿会议（Washington Conference）① 期间，中日两国政府在独立的会议中着手解决山东问题，中国新闻界收到的第一条快讯中有“立即行动”（direct action）的字样，快讯中并没有限定性的描述说明英美的代表们会出席所有会议，而中国代表有权就采取的任何行动向会议提出上诉。这对中国读者来说只有一个意义，那就是中国与会代表们背叛了国家，在中国政府一方对协商提交了几次异议之后，世界上的其他国家（代表）也准许了。电报潮水般地涌进华盛顿中国领事馆；全国各地纷纷举行声讨出席会议的中国代表及其“卖国”行为的集会和游行，要求中国代表团辞职；美国、英国和其他国家受到了谴责。人们的信念动摇起来。第二天，第二份正确而客观的报道传来，但与此同时，中国代表受到辞职的威胁。会议上，非官方的中国代表证实了“立即行动”缺乏充分的解释，直到中国政府外交部部长颜惠庆②发布了一份官方报告，解释了事情的来龙去脉之后，才得以安抚民众。

这一案例是中国新闻界展示其权利的具体明证。见诸报端的新闻只在数量有限的人群中传播，但表达的意见却可以扩散到公开和

---

① 1921年11月11日至1922年2月6日，美国、英国、日本、法国、意大利、荷兰、比利时、葡萄牙、中国九国在美国首都华盛顿举行的国际会议。中国政府时值颜惠庆内阁，派出施肇基、顾维钧、王宠惠三人为全权代表，余日章、蒋梦麟为国民代表，朱佛定为秘书，共130多人组成的庞大代表团出席。原计划还有广州政府外交次长伍朝枢为代表，但是孙中山不承认北京政府，要求自派不遂，伍朝枢未赴。华盛顿会议的议程主要有两项：一是限制海军军备问题；二是太平洋和远东问题。为此组成两个委员会：“限制军备委员会”由英、美、日、法、意五个海军大国参加，“太平洋及远东问题委员会”则由九国代表参加，两个委员会分别进行讨论。该会议的主要成果包括三个重要条约：《四国公约》、《限制海军军备条约》、《九国公约》。这三个公约统称《华盛顿条约》。——译注

② 颜惠庆（Yen Hui-ching 或 W. W. Yen，1877—1950），字骏人，中华民国政治家、外交家、作家，上海人。早年毕业于上海同文馆，后去美国弗吉尼亚大学留学。回国后曾任圣约翰大学英文教授、商务印书馆编辑、清朝驻美使馆参赞。1909年任外交部股长。1910年兼清华大学总办。1912年4月被黎元洪委任为北洋政府外交次长。1913年1月出任驻德国公使，后调任丹麦、瑞典等国公使。1919年任中国出席巴黎和会代表团顾问。1920年8月任北京政府外交总长。1922年辞去外交总长职务，改任内务总长等职。1926年春任国务总理并摄行总统职务。——译注

私人的讨论中，一直传播到几乎最底层的劳苦大众当中。报纸读者群倍增，训练有素的记者发挥越来越大的作为，整个国家创办了更多有影响力的出版物，这三者毫无疑问是中国谋求未来国内稳定和在世界上处于更安全位置的重要依托，这也是所有关注国际和平事业的国家的希冀所在。

中国新闻业带着不同的心境和一致的努力，从过去封建王朝的辉煌转变为如今更本土化和以坚固的共和国理念为基础的新闻业。然而，在此之前，中国新闻业必然经历的过程是焕发新的生命、新的愿景和新的理念，年青一代记者正在接受或将要接受新的观念。中国必将成为一个崭新的、改头换面的国家，一个和平、繁荣和稳定的名实相符的共和国。

中国报刊目录*

中国报刊及其出版城市的列表通过上海的美国广告公司卡尔·克劳公司得出。列表从该公司出版的《中国报刊目录》中摘录，只供私人交流。所列数据包括报刊所属国家、创刊时间和发行量。发行量数据的准确性有待考证，因为中国还没有审查发行量的机构存在。

厦门

福建省。通商口岸。人口11.4万。

《福建日报》，中文日报，创刊于1909年，发行量2 000份。

《江声日报》，中文日报，创刊于1918年，发行量1 500份。

丹东

满洲。人口4万。

《安东时报》，日文日报。

安庆

安徽省省会。人口10万。

---

* 原著的《中国报刊目录》中个别报刊名称为音译。柏德逊采用威氏（Thomas Francis Wade）拼音法来书写中文报刊名称，加之此书出版于20世纪20年代，个别中文报刊名称在现当代报刊目录中亦未记载（如戈公振《中国报学史》、黄天鹏《中国新闻事业》、赖光临《中国近代报人与报业》和《七十年中国报业史》等论著所列中国报刊目录，以及史和、姚福申、叶翠娣编《中国近代报刊名录》），查找起来十分不便，故采用音译。

《民岩报》，中文日报，创刊于 1918 年，发行量 1 800 份。

《东搜教育报》，中文日报，创刊于 1918 年，发行量 1 000 份。

广州

广东省省会，华南大都市。通商口岸。人口 200 万。

《通商汇报》，中文日报，创刊于 1909 年，发行量 3 000 份。

《国事报》，中文日报，创刊于 1915 年，发行量 2 000 份。

《珠江日报》，中文日报。

《街坊报》，中文日报。

《南方时报》，中文日报。

《南越报》，中文日报，创刊于 1905 年，发行量 2 500 份。

《安雅报》，中文日报，创刊于 1919 年。

《民意报》，中文日报，创刊于 1915 年，发行量 2 000 份。

《天运报》，中文日报，创刊于 1913 年，发行量 2 500 份。

《天商报》，中文日报，创刊于 1917 年，发行量 2 500 份。

《羊城新报》，中文日报，创刊于 1903 年，发行量 1 500 份。

《粤报》，中文日报，创刊于 1916 年，发行量 1 500 份。

《天职报》，中文日报，创刊于 1915 年，发行量 1 000 份。

《新民国报》，中文日报，创刊于 1917 年，发行量 1 000 份。

《广东公报》，中文日报，创刊于 1912 年，发行量 3 000 份。

《人权报》，中文日报，创刊于 1911 年，发行量 5 500 份。

《广东郡城府公报》，中文日报，创刊于 1918 年。

《新报》，中文日报，创刊于 1916 年，发行量 3 000 份。

《七十二行商报》，中文日报，创刊于 1906 年，发行量 7 000 份。

《中华新报》，中文日报，创刊于 1916 年，发行量 4 000 份。

《快报》，中文日报，创刊于 1917 年，发行量 1 000 份到 2 000 份。

《华国报》，中文日报，创刊于 1914 年，发行量 2 000 份到 4 500 份。

《国华报》，中文日报，创刊于1914年。

《商船报》，中文日报，创刊于1912年，发行量1 500份。

《平民报》，中文日报，复刊于1917年，发行量2 000份。

《共和报》，中文日报，创刊于1912年，发行量1 500份。

《大公报》，中文日报，创刊于1913年，发行量1 000份。

《粤声报》，中文日报，复刊于1919年。

《天民报》，中文日报，创刊于1917年。

《民传报》，中文日报，创刊于1917年。

《宸同报》，中文日报，创刊于1917年。

《天秋报》，中文日报，创刊于1919年。

《岭南新报》，中文日报，创刊于1919年。

《韦迪女士周刊》，中文周报。

《岭南报》，中文日报。

《金国日报》，中文日报。

《国民报》，中文日报。

《广东声报》，中文日报。

《广东齐国报》，中文日报。

《广东宙斯报》，中文日报。

《大中华报》，中文日报。

《岭海报》，中文日报。

《大同报》，中文日报。

《齐国报》，中文日报。

《万国报》，中文日报。

《光华报》，中文日报。

《天神周刊》，中文周报，创刊于1916年。

《国事新报》，中文日报。

《星海报》，中文日报。

常州

江苏省。人口 20 万。

《大公报》，中文日报，发行量 2 000 份。

《新报》，中文日报，创刊于 1918 年。

《先创报》，中文日报，创刊于 1917 年。

《蓝天报》，中文日报，创刊于 1918 年，发行量 1 500 份。

《大公报》，中文日报，创刊于 1919 年。

《常州报》，中文日报，创刊于 1919 年。

《乾都报》，中文日报，创刊于 1919 年。

《之境报》，中文日报。

潮阳县

广东省。

《台东日报》，中文日报，发行量 1 200 份。

长沙

湖南省省会。通商口岸。人口 40 万。

《湖南日报》，中文日报，创刊于 1918 年，发行量 1 200 份。

《华英经报》，中文日报，创刊于 1919 年。

《五金报》，中文日报，创刊于 1914 年。

常熟

江苏省。通商口岸。人口 3 万。

《常熟日报》，中文日报，发行量 800 份。

《周仁报》，中文日报。

芝罘（烟台）

山东省。人口 25 万。

《祈福报》，中文日报，创刊于 1907 年 8 月 17 日，发行量 1 000 份。

《芝罘商报》，中文日报，创刊于 1914 年 11 月 5 日，发行量 700 份。

《钟声报》，中文日报，创刊于 1913 年 1 月 1 日，发行量 1 100 份。

《新烟台公报》，中文日报，复刊于 1919 年 4 月 8 日。

成都

四川省。人口 50 万。

《官报》，旬刊，发行量 1 500 份。

《川报》，中文日报，发行量 500 份。

《大西南报》，中文日报，创刊于 1917 年。

《知报》，中文周刊，发行量 150 份。

《西方报》，中文日报。

《侨务月刊》，中文日报；创刊于 1917 年。

《民族日报》，中文日报，创刊于 1918 年。

《民心日报》，中文日报，创刊于 1918 年。

《成都申报》，中文日报，创刊于 1919 年。

《芜湖日报》，中文日报，创刊于 1918 年。

镇江

江苏省。通商口岸。人口 18.2 万。

《自强报》，中文日报，发行量 800 份。

《太公报》，中文日报，创刊于 1918 年 12 月。

重庆

四川省。通商口岸。人口 517 520。

《国民公报》，中文日报。

《西方日报》[①]，中文日报，创刊于 1918 年，发行量 400 份。

《商务日报》，中文日报，创刊于 1914 年，发行量 500 份。

《正龙报》，中文日报。

《明志报》，创刊于 1918 年 11 月。

《育人报》，中文日报，创刊于 1918 年 12 月。

滁州

安徽省。人口 12 万。

《滁报》，中文日报。

福州

福建省省会。通商口岸。人口 62. 4 万。

《华南日报》，中文日报。

《公报》，中文日报。

《民报》，中文日报；发行量 2 500 份。

《福建日报》，中文日报，发行量 1 000 份。

《今报》，中文日报，创刊于 1917 年，发行量 2 000 份。

《求是报》，中文日报，发行量 1 000 份。

《工农时报》，中文日报，发行量 1 000 份。

《民醒报》，中文日报，创刊于 1915 年，发行量 1 000 份。

《福建公报》，中文日报，创刊于 1918 年。

---

① 《西方日报》疑为《西方夜报》。根据赖光临《七十年中国报业史》（中央日报社编印，1981 年，第 309 页），《西方夜报》的负责人为曹仲英，地址在成都春熙路，创刊于民国二十二年七月四日，日刊，单张四开纸。——译注

《华东日报》，中文日报。

《惊人报》，中文日报，创刊于 1918 年。

《福建时报》，中文日报，创刊于 1918 年。

《今谈报》，中文日报，创刊于 1919 年。

《福建日新晚报》，中文日报。

《臣报》，中文日报，创刊于 1919 年。

杭州

浙江省省会。通商口岸。人口 594 230。

《浙江公报》，中文日报，创刊于 1912 年，发行量 1 800 份。

《浙江时报》，中文日报，创刊于 1914 年，发行量 2 600 份。

《浙江民报》，中文日报，创刊于 1916 年，发行量 3000 份。

《群智公报》，中文日报，创刊于 1910 年，发行量 590 000 份。

汉口

湖北省。通商口岸。人口 59 万。

《汉口时报》，中文日报，创刊于 1908 年，发行量 3 000 份。

《国民新报》，中文日报，创刊于 1912 年，发行量 2 000 份。

《新闻报》，中文日报，创刊于 1914 年，发行量 3 000 份。

《萧乾录报》，中文日报，创刊于 1914 年，发行量 3 000 份。

《喻事报》，中文日报，创刊于 1913 年。

《湖广新报》，中文日报，创刊于 1919 年 2 月。

《大汉报》，中文日报，创刊于 1914 年，发行量 4 000 份。

《荆西日报》，中文日报。

《荆霓报》，中文日报，发行量 120 份。

《江镜日报》，中文日报。

《日报》，中文报刊，发行量 120 份。

《大佛报》，中文日报。

《正义报》，中文日报，创刊于1919年，发行量4 700份。

香港

英国直辖殖民地。人口：中国人453 793，外国人13 000。

《汕报》，中文日报。

《礼官报》，中文日报。

《国事报》，中文日报。

《大光报》，中文日报，发行量2 000份。

《世界公益报》，中文日报。

《中外新报》，中文日报。

《中华报》，中文日报。

《共和报》，中文日报，发行量3 000份。

《华事报》，中文日报，创刊于1860年，发行量7 000份。

《香港中文商业新闻报》，创刊于1919年5月1日，发行量7 000份。

佛山

广东省。人口5万。

《银元报》，中文日报。

嘉定

江苏省。人口2万。

《宝山》，中文日报。

开封

河南省省会。人口30万。

《大东日报》，中文日报，创刊于 1918 年。

《河南公报》，中文日报，创刊于 1911 年。

《河南日报》，中文日报。

《河申日报》，中文日报，创刊于 1909 年。

《新中州报》，中文日报，创刊于 1916 年，发行量 1 500 份。

《蓝河时报》，中文日报，创刊于 1917 年。

高州

广东省。人口 5 万。

《高州日报》，中文日报，创刊于 1914 年。

江门

广东省。通商口岸。人口 6 万。

《东山报》，中文日报。

《新商报》，中文日报。

《兵报》，中文日报，发行量 1 000 份。

《明报》，中文日报。

《天圣报》，中文日报，创刊于 1917 年。

桂林

广西省省会。人口 80 万。

《桂林民报》，中文日报，复刊于 1916 年 9 月 5 日。

贵阳

贵州省省会。人口 10 万。

《贵阳公报》，中文日报。

《导报》，中文日报，创刊于 1919 年，发行量 800 份。

《军方日报》，中文日报。
《贵阳日报》，中文日报。
《黔方报》，中文日报。
《贵州公报》，中文日报，发行量 1 000 份。

兰州

甘肃省省会。人口 50 万。
《通俗日报》，中文日报，创刊于 1913 年（一说 1912 年）。
《甘肃日报》，中文日报，创刊于 1912 年。
《东土日报》，中文日报，创刊于 1912 年。

南昌

江西省省会。人口 62 万。
《南方日报》，中文日报，发行量 1 000 份。
《民富报》，中文日报，创刊于 1916 年，发行量 1 000 份。
《江西新报》，中文日报，创刊于 1914 年，发行量 2 500 份。
《峥嵘报》，中文日报，创刊于 1917 年，发行量 1 000 份。
《图强日报》，中文日报，创刊于 1911 年，发行量 2 000 份。
《民图报》，中文日报，创刊于 1916 年，发行量 900 份。
《江西明报》，中文日报，创刊于 1909 年，发行量 3 200 份。

南京

江苏省。通商口岸。人口 368 800。
《新今晚报》，中文日报，创刊于 1914 年，发行量 800 份。
《图报馆》，中文日报，创刊于 1918 年。
《新中华报》，中文日报。
《大中华报》，中文日报，发行量 500 份。

《礼仁报》，中文日报，发行量400份。

《大江南报》，中文日报，创刊于1915年，发行量800份。

《南方日报》，中文日报，创刊于1914年，发行量2 500份。

《明报》，中文日报，创刊于1914年，发行量2 000份。

北平

中国首都，直隶省。人口100万。

《国事报》，中文日报，创刊于1912年，发行量2 000份。

《北京日报》，中文日报，创刊于1904年，发行量5 000份（《北平每日新闻》中文版）。

《北洋报》，中文日报，创刊于1918年，发行量1 500份。

《民智报》，中文日报，创刊于1919年，发行量2 000份。

《明仁日报》，中文日报，创刊于1912年，发行量1 500份。

《新国民报》，中文日报，发行量3 000份。

《新中兴日报》，中文日报，创刊于1916年，发行量1 500份。

《陆海军日报》，中文日报，创刊于1913年，发行量1 000份。

《顺天时报》，中文日报，创刊于1904年，发行量8 000份。

《唯一日报》，中文日报，创刊于1918年。

《民富报》，中文日报，创刊于1918年，发行量1 500份。

《新京报》，中文日报，创刊于1916年。

《北平新晚报》，中文日报，创刊于1918年，发行量1 000份。

《京津时报》，中文日报，创刊于1918年，发行量2 600。

《春阳日报》，中文日报，创刊于1918年。

《北平新报》，中文日报，创刊于1918年，发行量1 000份。

《丁野日报》，中文日报，创刊于1918年，发行量1 000份。

《工农日报》，中文日报，创刊于1917年。

《民国公报》，中文日报，创刊于1918年，发行量400份。

《晨报》，中文日报，创刊于1918年，发行量3 500份。

《国民公报》，中文日报，创刊于1909年，发行量850份。

《新民报》，中文日报，创刊于1916年，发行量1 300份。

《民俗报》，中文日报，创刊于1911年，发行量400份。

《工人报》，中文日报，创刊于1916年，发行量1 800份。

《亚东新闻》，中文日报，创刊于1915年，发行量600份。

《大中华日报》，中文日报，创刊于1915年，发行量400份。

《民强报》，中文日报，创刊于1913年，发行量400份。

《国粹报》，中文日报，创刊于1914年，发行量400份。

《警世报》，中文日报，创刊于1917年，发行量400份。

《日志报》，中文日报，创刊于1914年，发行量400份。

《兵民报》，中文日报，创刊于1919年。

《益世报》，中文日报，创刊于1918年，发行量10 000份。

《新民国报》，中文日报。

《东方日报》，中文日报，创刊于1919年，发行量800份。

《新中国报》，中文日报，创刊于1919年5月18日。

《大东日报》，中文日报，发行量1 000份。

《图文日报》，中文日报，发行量800份。

《土生报》，中文日报，发行量800份。

《白话》，中文日报，创刊于1919年，《益世报》口语版，发行量1 200份。

《清廷时报》，中文日报，创刊于1912年。

《国强报》，中文日报，口语，发行量4 000份。

《中央报》，中文日报，口语，发行量3 250份。

《时事白话报》，中文日报，口语，发行量2 800份。

《京腔报》，中文日报，口语，发行量21 000份。

上海

江苏省。通商口岸。人口：外国人 21 000（包括 15 500 名日本人）和中国人 659 000。

《申报》，中文日报，创刊于 1872 年 4 月 30 日，发行量 20 000 份。

《新闻报》，中文日报，创刊于 1900 年，发行量 20 000 份。

《时报》（《东方时报》），中文日报，创刊于 1905 年，发行量 15 000 份。

《新申报》，中文日报，创刊于 1915 年，发行量 10 000 份。

《指南报》，中文日报，创刊于 1918 年。

《神州日报》（《国家先驱报》），中文日报，发行量 2 500 份。

《共和新报》，中文日报，发行量 4 000 份。

《春华新报》，中文日报，创刊于 1914 年，发行量 3 000 份。

《中国时报》，中文日报，创刊于 1904 年，发行量 10 000 份。

《救国日报》，中文日报，创刊于 1919 年，发行量 1 500 份。

《救国报》，中文日报。

《北定报》，中文日报。

《民报》，中文日报。

《送雨西报》，中文日报。

《读华报》，中文日报。

《民国报》，中文日报。

《舆报》，中文日报，创刊于 1919 年。

《小新闻报》，中文日报。

《天光日报》，中文日报。

《新世界报》，中文日报。

《大世界报》，中文日报。

《青报》，中文日报，创刊于 1919 年。

《丛报》，中文日报，创刊于1919年。

《商报》（《上海早邮报》），中文日报，创刊于1919年。

《大声报》，中文日报，创刊于1919年，发行量5 000份。

绍兴

浙江省。人口30万。

《宇宙公报》，中文日报，创刊于1918年，发行量1 000份。

《舆图日报》，中文日报，创刊于1908年，发行量1 200份。

《民报》，中文日报，创刊于1917年。

西安

陕西省。人口100万。

《陕西日报》，中文日报。

《紫阳日报》，中文日报。

《工业报》，中文日报。

仙宁

广东省，人口2万。

《逸仙报》，中文日报。

苏州

江苏省省会。通商口岸。人口约50万。

《苏新报》，中文日报，创刊于1913年。

《吴虞日报》，中文日报，创刊于1917年，发行量1 000份。

《苏州日报》，中文日报，创刊于1912年，发行量2 000份。

《兵强日报》，中文日报，创刊于1919年，发行量1 000份。

《吴县乡公报》，中文日报，创刊于1917年。

《宸大日报》，中文日报，创刊于1919年，发行量1 200份。

松江

江苏省。人口4万。

《松江报》，中文日报。

汕头

广东省。通商口岸。人口7.5万。

《大风报》，中文日报，创刊于1918年，发行量1 200份。

《工人报》，中文日报，创刊于1918年，发行量100份。

《大岭东报》，中文日报，创刊于1918年11月23日，发行量1 100份。

太原

山西省省会。人口10万。

《山西日报》，中文日报。

《晋南日报》，中文日报。

《工业报》，中文日报。

《滨州日报》，中文日报。

《晋阳报》，中文日报。

《山西公报》，中文日报，创刊于1919年，发行量1 200份。

天津

直隶省。通商口岸。人口80万。

《长治报》，中文日报，创刊于1917年。

《臣报》，中文日报，创刊于1913年。

《午报》，中文日报，创刊于1912年。

《晚报》，中文日报，创刊于1917年。

《旭日报》，中文日报，创刊于1912年。

《新闻报》，中文日报，创刊于1919年。

《国强报》，中文日报，创刊于1918年。

《育楚新报》，中文日报，创刊于1919年。

《新民小信报》，中文日报，创刊于1919年。

《湖北日报》，中文日报，发行量10 000份。

《京津大务实日报》，中文日报，创刊于1910年，发行量2 000份。

《时闻报》，中文日报，创刊于1907年，发行量2 000份。

《益世报》，中文日报，创刊于1915年，发行量2 000份。

《大公报》，中文日报，创刊于1903年，发行量8 000份。

《天津每日新闻报》，中文日报，创刊于1901年，发行量2 000份。

《中国太阳报》，中文日报，发行量500份。

济南

山东省省会。人口10万。

《政治新闻日报》，中文日报。

《济南日报》，中文日报，创刊于1917年，发行量2 700份。

《泰东日报》，中文日报，创刊于1912年6月，发行量2 500份。

《新智育公报》，中文日报，创刊于1917年，发行量480份。

《商务日报》，中文日报，创刊于1916年7月，发行量1 500份。

《志眉报》，中文日报，创刊于1916年7月，发行量1 500份。

《山东法报》，中文日报，创刊于1919年3月，发行量3 000份。

《山东白话报》，中文日报，创刊于1919年1月，发行量5 000份。

《秦报》，中文日报，创刊于1903年10月。

《大民主报》，中文日报，发行量2 000份。

《山东新闻》，日文日报。

青岛

山东省。中国人口53 570，日本人口19 591。

《胶东新报》，日文日报，发行量3 000~5 000份。

通州

江苏省。人口15万。

《南通新报》，每三天出版一期，创刊于1919年，发行量1 800份。

《东海新报》，中文日报，创刊于1917年1月，发行量800份。

温州

浙江省。通商口岸。人口10万。

《飞沙报》，中文日报，创刊于1917年，发行量1 000份。

《大公报》，中文日报，创刊于1919年5月，发行量2 500份。

梧州

广西省。通商口岸。人口3万。

《民报》，中文日报。

《金陵报》，中文日报。

《自强报》，中文日报。

《梁祝日报》，中文日报，创刊于1916年，发行量1 200份。

芜湖

安徽省。通商口岸。人口 13 万。

《皖江日报》，中文日报，创刊于 1918 年，发行量 1 000 份。

《小报》，中文日报。

《工商日报》，中文日报，创刊于 1918 年，发行量 1 000 份。

无锡

江苏省。人口 20 万。

《新无锡报》，中文日报，创刊于 1918 年，发行量 1 200 份。

《锡报》，中文日报，创刊于 1918 年，发行量 1 500 份。

扬州

江苏省。人口 10 万。

《民声报》，中文日报，创刊于 1912 年，发行量 1 200 份。

《扬州日报》，中文日报，创刊于 1917 年，发行量 1 000 份。

《淮扬日报》，中文日报，创刊于 1918 年，发行量 1 500 份。

《东书报》，中文日报，创刊于 1918 年。

《江北商务报》，中文日报，创刊于 1918 年。

《江淮日报》，中文日报，创刊于 1919 年，发行量 800 份。

云南府

云南省省会。人口 10 万。

《治国日报》，中文日报，创刊于 1919 年。

《国事日报》，中文日报，创刊于 1915 年，发行量 1 500 份。

《世纪报》，中文日报，创刊于 1918 年。

《义兴报》，中文日报，创刊于 1916 年。

《报萃日览》，中文日报，创刊于 1919 年。

《中华新报》，中文日报，创刊于1917年，发行量3 000份。

《天颂报》，中文日报，创刊于1914年。

哈尔滨

满洲。通商口岸。人口：俄国人5万，其他外国人2 000，中国人28 000。

《东京商报》，中文日报，创刊于1916年，发行量1 500份。

《远东报》，中文日报，发行量1 000份。

牛庄（营口）

南满。人口63 000，包括2 500名日本人和200名其他外国人。

《营商日报》，中文日报，发行量1 000份。

大连

满洲。人口77 000，中日人口大约各占一半。

《泰东日报》，日文日报，发行量6 000份。

长春

满洲，离大连345英里。人口15万。

《国事日报》，中文日报，发行量3 000份。

《大东日报》，中文日报，发行量800份。

《国雅报》，中文日报，创刊于1918年，发行量1 000份。

吉林

吉林省省会，满洲。人口8万，包括1 000名日本人。

《吉长日报》，中文日报，发行量3 000份。

《顺报》（《吉林商报》），中文日报，创刊于1917年，发行量

1 200 份。

奉天（沈阳）

满洲省会。人口 25 万。

《醒时报》，中文日报，创刊于 1910 年，发行量 1 000 份。

《东三省工报》，中文日报，发行量 4 000 份。

《盛京时报》，发行量 8 000 份。

中文杂志和商业期刊

《中国工程师与承包商》：月刊；贸易期刊出版公司，上海；发行量3 000份。

《中国药剂师与药商》：月刊；贸易期刊出版公司，上海；发行量2 500份。

《建设》：月刊；上海；发行量5 000份。

《霍洛克年鉴》：年刊；发行量50 000份。

《意象画杂志》：上海；创刊于1918年；发行量5 000份。

《人民之声周刊》：发行量2 000份。

《教育观察》：月刊；商务印书馆，上海；发行量28 460份。

《中国学生季刊》：商务印书馆；发行量5 000份。

《农业杂志》：月刊；商务印书馆；发行量3 000份。

《妇女杂志》：月刊；商务印书馆；发行量11 490份。

《青年杂志》：月刊；商务印书馆；发行量27 240份。

《南方学生季刊》：政府技术学院机关刊物；发行量500份。

《英语周刊》：商务印书馆；发行量23 460份。

《英语系学生》：月刊；商务印书馆；发行量28 850份。

《学生杂志》：月刊；商务印书馆；发行量25 300份。

《小说杂志》：月刊；商务印书馆；发行量29 000份。

《东方杂志》：月刊；商务印书馆；发行量22 440份。

《进步》：月刊；基督教青年会；发行量2 500份。

《中国棉花杂志》：月刊；中国轧棉厂业主协会，上海；发行量

1 000 份。

《上海青年人》：月刊和周刊；基督教青年会；发行量 2 200 份。

《中国护士季刊》：上海。

《科学世界》：月刊；政府技术机关；发行量 2 000 份。

《中华全国医疗杂志》：季刊；上海。

《东大医疗杂志》：月刊；上海。

《光器医疗杂志》：双月刊；杭州。

《绍兴医疗和药剂杂志》：月刊；绍兴。

《南华医疗杂志》：月刊；广州。

索　引

索引一：报刊、著述中外文名称对照表

索引二：人名中外文对照表

附录一：抗战前中国及海外华侨报纸一览表

（民国二十三年）*

上海市

名称	负责人	地址	创刊期	刊期	已出号数	每份定价	每份张数	报纸大小
晨报	潘公展	山东路 34 号	1932 年 4 月 7 日	日刊		3 分 5 厘	2 张半	对开新闻纸
民报	胡朴安	山东路 201 号	1932 年 5 月 4 日	日刊	855	3 分 4 厘	3 张	对开新闻纸
中华日报	林伯生	河南路 303 号	1932 年 4 月 11 日	日刊		3 分 2 厘	2 张	对开新闻纸
上海商报	孙鸣岐	厦门路 3 号	1932 年 9 月 16 日	日刊	734	2 分 8 厘	1 张至 1 张半	对开新闻纸
宁波日报	洪雁宾	西藏路平乐里	1933 年	日刊	397	2 分	1 张	对开纸
市民日报	刘仲英	西藏路 587 弄 4 号	1934 年	日刊	230	2 分	1 张	对开纸
大日报	吴农花	望平街 228 号	1933 年	日刊	91	2 分	1 张	对开纸
上海报	匡孟槐	九江路 296 弄 4 号	1930 年	日刊	1 702	3 分 5 厘	1 张	四开新闻纸
世界晨报	来风声	梅白克路太平街 221 号	1931 年 4 月 1 日	日刊	106	2 分	1 张	四开新闻纸

* 摘自赖光临《七十年中国报业史》。

（续上表）

名称	负责人	地址	创刊期	刊期	已出号数	每份定价	每份张数	报纸大小
社会日报	胡雄飞	宁波路广西路口	1930年	日刊	1 453	2分8厘	1张	四开新闻纸
晶报	余大雄	山东路161号	1919年	日刊	2 308	2分8厘	1张	四开新闻纸
小白报	黄光益	戈登路元吉里4号	1919年	日刊	2 864	2分8厘	1张	四开新闻纸
福尔摩斯	务农花	广西路慈安里	1929年	日刊	1 668	2分8厘	1张	四开新闻纸
东方日报	顾尔康	广西路445号	1932年	日刊	846	2分8厘	1张	四开新闻纸
新新日报	李泽	横滨里景云里12号	1926年4月2日	日刊	2 920		1张	四开纸
大世界报	孙漱石	大世界内		日刊			1张	四开纸
新世界报	姚伯森	南京路新世界内	1932年12月	日刊	581	2分8厘	1张	四开纸
韵声报		南京路永安公司		日刊			1张	四开纸
先施乐园		南京路先施公司		日刊			1张	四开纸
市民报		白克路		日刊	803		1张	四开纸
报报	胡憨珠	浙江路东平安里5号	1927年	日刊	1 062	2分9厘	1张	四开新闻纸
明星日报	沈秋雁	汕头路82号	1932年	日刊	607	2分6厘	1张	四开新闻纸
江南日报	沈世昌	天津路慈安里	1932年	日刊	496	2分8厘	1张	四开新闻纸

（续上表）

名称	负责人	地址	创刊期	刊期	已出号数	每份定价	每份张数	报纸大小
时代日报	来风声	梅白克路太平街221号	1932年	日刊	821	2分8厘	1张	四开新闻纸
大晶报	冯梦云	宁波路659号	1928年5月21日	日刊	134	2分8厘	1张	四开新闻纸
罗宾汉	朱瘦竹	闸北新疆路德兴里5号	1926年	日刊	1 405	2分8厘	1张	四开新闻纸
琼报	刘云舫	汕头路82号		日刊	785	2分8厘	1张	四开新闻纸
铁报	沈世杰 冯梦云	宁波路659号	1930年	日刊	914	2分8厘	1张	四开新闻纸
上海日报	周志贤	云南路会乐里32号	1930年	日刊	1 456	2分8厘	1张	四开新闻纸
大都会	陈中柱	天津路慈安里	1933年	日刊	288	2分8厘	1张	四开新闻纸
金刚钻	施济群	天津路慈安里5号	1921年	日刊	1 760	2分8厘	1张	四开新闻纸
江南日报		天津路新新公司后面	1933年	日刊	494	2分8厘	1张	四开纸
每日新闻		西门蓬莱市场博览市场博览书局	1934年	日刊	145	2分8厘	1张	四开纸
上海罗宾汉		小东门福安游艺场		日刊	487	2分8厘	1张	四开纸
世界罗宾汉	杨智禅	恺自尔路兰馨里1号	1933年	日刊	354	2分8厘	1张	四开纸
光华报	许啸天	老和路太和大楼307号	1934年	日刊	29	2分8厘	1张	四开纸
现代日报	姚伯森	芝罘路39号	1934年	日刊	307	2分8厘	1张	四开纸

（续上表）

名称	负责人	地址	创刊期	刊期	已出号数	每份定价	每份张数	报纸大小
大晚报	张竹平	四川路11号	1932年	夕刊	940	2分8厘	1张	对开纸
新闻夜报	汪伯奇	汉口路19号	1933年	夕刊	1 577	2分	1张	对开纸
新夜报	潘公展	山东路34号	1932年	夕刊	810	2分	1张	对开纸
社会晚报		山东路口	1933年	夕刊	212	2分	1张	
上海夜报	郑子良	厦门路苏润里8号	1934年	夕刊	89	2分	1张	对开纸
时报号外	黄伯惠	浙江路708号	1933年	夕刊	230		1张（附图画刊）	对开纸
正气报	郑子褒	天津路慈安里	1932年	三日刊	477	2分	1张	四开纸
沪报	郁悼庵	北山西路德安里25号	1913年	三日刊	4 909	2分5厘	1张	四开纸
新春秋	吴科成	北火车站界路均益里22号	1933年	三日刊	379	3分	1张	四开纸
儿童晨报	宓季方	山东路205号	1932年10月10日	三日刊	195	3分	1张	对开纸
上海朝报		南成都路46弄5号	1934年	三日刊		2分8厘	1张	四开纸
中国日报		宁波路慈安里		三日刊	574		1张	四开纸
新中华报	朱琳	威海卫路永吉里65号	1934年	三日刊	50	2分	1张	四开纸
民治报		西门西林横路	1934年	三日刊		3分	1张	四开纸

（续上表）

名称	负责人	地址	创刊期	刊期	已出号数	每份定价	每份张数	报纸大小
物质救国报		牛庄路692号	1933年	三日刊	293	2分8厘	1张	四开纸
新生	杜重远	福州路复兴里	1933年	周刊		4分	8张	十六开纸
浦东星报	汤梦吾	界路均益里7号	1927年1月1日	周刊			1张	对开纸
体育评论周报		法租界马浪路振华里	1932年10月8日	周刊	33			
人言周刊	郭明 谢云翼	平凉路平凉村26号	1933年	周刊		4分	6张	十六开纸
电影周报		霞飞路明德里22号	1932年	周刊	622		1张	
龙报	蔡钧徒	蒲柏路赓余里7号		周刊		2分8厘	1张	对开纸
华年	潘光旦	博物院路20号	1932年	周刊		4分	6张	十六开纸
礼拜六		山东路311号	1923年	周刊		3分6厘	8张	十六开纸
大陆报（英字刊）	张竹年 董显光	四川路11号	1915年	日刊	6 787	1角	4张至6张	对开纸

南京市

名称	负责人	地址	创刊期	刊期	已出号数	每份定价	每份张数	大小报纸
中央日报	程沧波	新街口		日刊			3张	对开
新京日报	石信嘉	二郎庙		日刊			2张	对开

（续上表）

名称	负责人	地址	创刊期	刊期	已出号数	每份定价	每份张数	大小报纸
新民报	陈铭德	佑衣廊73号		日刊			1张半	对开
中国日报	任觉五	明瓦廊55号		日刊	931		2大张	对开纸
华报	许念慈	慧园街慧里7号		日刊		每月6角		
救国日报	龚德伯	太平路磨盘街4号		日刊			2张	四开纸
三民导报	胡大刚	中正路280号		日刊			1张	对开纸
新中华报	于纬文	贡院西街77号		日刊			2张	对开纸
朝报	王公弢	新街口		日刊			2张	四开纸
大风日报	叶开鑫	三条巷23号		日刊			1张	对开纸
中国晚报	周作民	明瓦廊55号		日刊				
青白报	唐思远	平江府南街3号		日刊			1张	四开纸
远东报	许超	平江府街13号		日刊			1张	四开纸
边事日报	克治平	绒庄街62号		日刊				
宁报	严必康	旧王府41号		日刊				
党军日报	李蔚枚	黄浦路中央陆军军官学校		日刊				

（续上表）

名称	负责人	地址	创刊期	刊期	已出号数	每份定价	每份张数	大小报纸
正风报	陶海山	科巷寿星桥5号		日刊				
正风晚报	陶海山	太平路科巷		日刊				
南京晚报	张友鹤	益仁巷润德里7号		日刊			1张	四开纸
人民晚报	周方刚	中正街25号		日刊			1张	四开纸
新南京晚报	凌逵	花牌楼党公巷42号		日刊			1张	四开纸
新时日报	韩鸿文	文正桥36号		日刊				
南京晨报	袁国珍	长业路198号		日刊				
南京早报	张友鸾	建康路215号		日刊				
侠蝶报	纪普开	程阁老巷7号		日刊				
呱呱报	汪振立	建康路221号		三日刊				
石头报	叶定	朱雀路		三日刊				
大京报	鲁夫	小油坊巷3号		三日刊			1张	四开纸
呐喊报	宗有干	评事街千章巷23号		三日刊				
青报	黄树	中华路许家巷14号		三日刊				

（续上表）

名称	负责人	地址	创刊期	刊期	已出号数	每份定价	每份张数	大小报纸
小钢报	宋继勋	大中桥八宝前街60号		三日刊				
南京晨钟报	郭济时	朝天宫内		三日刊				
干报	萧干	三芳宫41号		三日刊				
戏报	戴戡武	邀贵井9号		三日刊				
社会报	汪逸民	下关兴中门外		周刊				
农工周报		洪武街78号		周刊				
星光报	龚德伯	太平路士祥街8号		日刊				
燕子周报	吕松山	燕子矶		周刊				
新艺报	陈汉	走马巷3号		周刊				
工商报	郭子章	东牌楼17号		三日刊				
京城报	卢寿镕	军师巷游辉岭2号		三日刊				
国光报	章船雍	糯米巷13号		三日刊				
社会晨报	左南冥	贡院西街戌辰印刷所		日刊				
南京晚报	祝敏之	泥马巷端布坊38号		日刊				

（续上表）

名称	负责人	地址	创刊期	刊期	已出号数	每份定价	每份张数	大小报纸
民风报	黄明	安仁里42号		日刊				
南京人报	黄近青	建康路2154号		日刊				
新中国报	张慧剑	长乐路68号		日刊				
中华京报	裘五咸	建康路		三日刊				
南京华侨报	张不飞	石鼓路29号		三日刊				
京潮报	李韵秋	西花路岗27号		三日刊				
晨钟报	郭济时	朝天宫		三日刊				
良心报	秦子盘	信府河94号	1933年1月	周刊		2分	1张	四开纸
大华晚报	殷在为	丰富路63号	1934年5月1日	日刊	140	1分8厘	1张	对开纸

汉口市

名称	负责人	地址	创刊期	刊期	已出号数	每份定价	每份张数	大小报纸
武汉日报	胡伯玄	江汉路忠信里2号	1929年6月10日	日刊	1 801	4分	3张至3张半	对开纸
汉口中西报	喻耕屑	中山路老保聊里街		日刊				
新民报	蒋坚忍	后花楼永兴里3号		日刊			3张	对开纸

（续上表）

名称	负责人	地址	创刊期	刊期	已出号数	每份定价	每份张数	大小报纸
汉口国货日报	林荣葵	崇善里市党部	1930年7月	日刊	375	1分5厘	1张	对开纸
震旦民报	蔡寄鸥	民生路157号	1912年	日刊	2 005	4分	3张	对开纸
正义报	刘道瀛	交通路		日刊				
时代日报	胡野萍	后花楼正街108号	1931年12月12日	日刊	893	每年1元	2张	对开纸
湖北地方日报	王瑞伯	后花楼笃安里9号		日刊				
汉口华中日报	张辅隅	德润里38号	1933年10月10日	日刊	321	2分	2张	对开纸
公论日报	王民朴	后花楼		日刊			3张	对开纸
大同日报	艾毓英	民生路中市新100号		日刊			2张	对开纸
汉口新中华日报	杨啸岩	华商街90号		日刊			2张	
汉口为公日报	李燊	模范区吉庆街6区党部		日刊				
武汉时事白话报	李权	中山路佑安里5号		日刊			1张	四开纸
武汉时报	戴震	中山路肇源里4号	1932年3月	日刊	925	1分	1张	四开纸
汉口导报	何颖拱	清芬二马路武昌里5号		日刊				
国民晚报	蔡畸	特三区智明里40号	1932年6月	日刊	82	1分	1张	四开纸

（续上表）

名称	负责人	地址	创刊期	刊期	已出号数	每份定价	每份张数	大小报纸
汉口劲报	童叔勉	济生一路富源里1号		日刊				
汉口楚报	刘昌	保和里15号		日刊				
壮报	朱中秀	中山路清芬二马路雅康里48号		日刊				
汉口舆论报	石昌珪	清芬二马路汉墀里第4号	1932年3月1日	日刊	592	1分	1张	八开纸
湖北锦文日报	张大文	中山路六渡桥佑安里8号		日刊			1张	
新汉口报	唐钟	特三区保华街保元里8号	1930年1月15日	日刊	1 625	每月4角	1张	四开纸
工商日报	萧亚农			日刊				
武汉晨报	张鼎新	模范区吉庆街6号		日刊				
日需指南	汪耀门	秦宁里4号		日刊				
楚北日报	罗伦	府北一路衡荣里12号		日刊				
汉口新闻报	张云渊	特三区品安里5号		日刊			4张	
汉口进化日报	凌梅痴			日刊				
汉江日报	陈品慎			日刊				

（续上表）

名称	负责人	地址	创刊期	刊期	已出号数	每份定价	每份张数	大小报纸
武汉夜报	胡伯玄	江汉路486号		夕刊				
汉口镜报	陈鹤松	济生一路鸿钧里4号		三日刊				
汉口铿报	李渡愚	清芬一横路12号		三日刊				
新妇女报	朱紫俊	清芬二马路雅廉里48号		三日刊			1张	
生力军报	陶俊三	模范区会通路25号		三日刊			4张	
进化	黄佑南	岭南会馆灯笼巷1号		三日刊			1张	
现代		三民街359号		三日刊			2张	
全民日报	唐铁诚	府东一路八元里19号		周刊				
新汉报	陈倬			周刊				四开纸
东方周报	万际云	府北一路焕英里11号	1931年9月	周刊		2分		八开纸
汉口新快报	万克哉	泰宁街泰宁里12号	1928年6月1日		2 117	3角5分		四开纸
新大陆周报	尹绍良	八元里16号	1932年5月	周刊	108	2分		四开纸

北平市

名称	负责人	地址	创刊期	刊期	已出号数	每份定价	每份张数	大小报纸
实报	管翼贤	宣外56号		周刊			1张	
时言报	常振春	铁老鹳庙路西6号		周刊			1张	
北平晚报	季迺时	和平门内绒线胡同中间179号	1921年1月1日	周刊	2 519	2分	1张	四开纸
实事白话报	戴徵	宣外魏染胡同42号		日刊				
新中日报	李怡之	宣外琉璃厂145号		日刊				
东亚时报		和平门外北椿树胡同13号		日刊				
北平商报		宣外大街路东199号		日刊				
中华新闻周报		德内筐箩仓6号		周刊				
民治报	沈林山	西单白庙胡同13号		日刊				
世界晚报	成舍我	石驸马大街甲90号		日刊				
日知报	陈筠	北平下斜街38号		日刊				
曦光报	贾公伟			日刊				
正阳报	柯定初	教场头条		日刊				
新实报	管翼燕			日刊				

（续上表）

名称	负责人	地址	创刊期	刊期	已出号数	每份定价	每份张数	大小报纸
矿业新闻社增刊日报	溪乐天	广宁伯街4号		日刊				
时报	武荩臣			日刊				
小实报	管翼燕			日刊				
北平新报	萧言川	绒线胡同177号	1931年4月	日刊	2 983	2分	1张	对开纸
北平民生报	郑作橹			日刊				
河北民众报	白崇光			日刊				
东方新报	刘兆玺			日刊				
新北平报	林贤生			日刊			1张	四开纸
日新报	虞伟光			日刊				
教育日报	余仲衡			日刊				
孔道报	吴剑丰			日刊			1张	
天津晓报	袁润之	宣外南柳巷永兴寺内		日刊				
新社会日报	尚久炎	西单大栅栏甲16号		日刊				
大声报	王陋隐	内二区旧刑部街76号		日刊				

（续上表）

名称	负责人	地址	创刊期	刊期	已出号数	每份定价	每份张数	大小报纸
民强日报	徐朴青	宣外校场小六条权盛里1号		日刊				
平民小报	李树藩	惜薪司小土地庙2号		日刊				
国风报	蔡竹溪	南柳巷24号		日刊				
北平进报	周植藩	宣外包头章8号		日刊				
大义报	宋至公	西长安街大栅栏31号		日刊				
北平狐报	韩新	西单北大街152号		日刊				
社会时报	章惠民	铁老鹳庙		日刊				
中国民报	贾秉谦	市内二区西单旧刊部9号		日刊				
北平穷报	马膡襄	三区安内国子监国学胡同17号		日刊				
北平飞报	韩亚洲	宣外大街214号		日刊				
光明夜报	王汝棠	东城干面胡同6号		日刊				
北平新华日报	韩震华	北池子二条胡同6号		日刊				
今报	危慈一	南柳巷		日刊				
公民报	朱能云	东西牌楼二条胡同路南		日刊				

（续上表）

名称	负责人	地址	创刊期	刊期	已出号数	每份定价	每份张数	大小报纸
华北民报	钟惠民	西长安街101号		日刊				
北平通报	滕希贤	宣内昌路12号		日刊				
北平真报	马芷祥	西城辟才头条1号		日刊				
华北民强报	赵鹏宇	内三区十二条13号		日刊				
光明日报	马啸天	大仆寺街新建胡同4号		日刊				
平西报	黄宪昭	北部成府新胡同3号		三日刊			1张	四开纸
河北民声报	崔淏	前外西河沿五斗齐3号		周刊				
民声周报	任殿选	东城十二条华寺胡同28号		周刊				
铎声日报	郭雅云	宣外南柳巷		日刊				
觉今日报	许逸上			日刊				
北平时报	贾茀荪			日刊				
快报	王若水	虎坊桥25号		日刊				
北平商报	宋易			日刊			1张	
儿童日报	沈咸恒			日刊				

（续上表）

名称	负责人	地址	创刊期	刊期	已出号数	每份定价	每份张数	大小报纸
新河报	王金桂			日刊				
北平白话报	任璞生	前门外大安澜营10号	1918年	日刊	5 299	1分	2张	四开纸
北平时事日报（英文）	孙瑞芹	东城煤渣胡同2号	1932年6月	日刊	689	1角	3张	对开纸

天津市

名称	负责人	地址	创刊期	刊期	已出号数	每份定价	每份张数	大小报纸
天津大公报	胡政之	天津法租界30号	1902年	日刊	2 212	4分	3张半至5张	对开纸
天津益世报	刘明泉	天津大马路义界		日刊			3张	对开纸
益世晚报刊	刘明泉	天津义界大马路		日刊				
天津庸报	李素	天津法租界26号		日刊			2张	对开纸
天津商报	王镂冰	天津法租界24号		日刊			3张	对开纸
国强报	杨少林	天津南市平安大界	1918年2月15日	日刊	5 787	1分	1张	四开纸
华北晚报	周拂尘	天津河北公园内		日刊				
治新日报	田树雨	天津特三区四经路		日刊				

（续上表）

名称	负责人	地址	创刊期	刊期	已出号数	每份定价	每份张数	大小报纸
新天津报	刘中儒	天津义租界大马路		日刊			2张	四开纸
天津时报	刘云风	天津义租界大马路40号		日刊				
天津平报	刘云岚	天津义租界大马路40号		日刊				
天津大报	刘云若	天津法租界兆丰路兴义里2号		日刊				
实事报	张铭	天津南市永安大街		日刊				
天津晶报	陈眉翁	天津新车站昆纬路		三日刊				
天津快报	赵仲轩	天津特三区墙子河路		日刊				
天津直言报	王梦青	天津荣业大街		日刊			1张	四开纸
天风报	沙大风	天津法租界华中路		日刊			1张	四开纸
津沽民报	翟纯	天津义租界三益里9号		日刊				
天津晨报	刘轶凡	天津特二区		日刊				
天津午报	刘轶凡	天津特二区		日刊				
天津晚报	刘轶凡	天津特二区		日刊				
国权报	王文瀚	天津南市天一坊西48号		日刊				

（续上表）

名称	负责人	地址	创刊期	刊期	已出号数	每份定价	每份张数	大小报纸
新天津晚报	刘中儒	天津义租界大马路11号		日刊			1张	四开纸
观察日报	公学行	天津法租界26号		日刊				
东陲报	高尔瞻	天津大胡同文华宾馆内		日刊				
大众日报	刘悟农	天津法租界西开教堂后老三槐里旁		日刊				
天津明星报	李伯长 冷香九	天津单街子博陵公寓		日刊				
天津中南报	张幼丹	天津南市大舞台东大街		日刊				
民族报	富双禄	天津估衣街归贾胡同对过		日刊				
天津晚报	袁无为	天津南市广兴大街内		日刊				
亢报	金必亢	天津南市广兴大街		日刊				
民报	鲁嗣香	天津日租界须磨街庆成里4号	1929年	日刊	2 075	2分	2张	对开纸
大中时报	徐馀生	天津义界20号		日刊				
天津星报	袁无为	天津特三区二经路35号		三日刊				
天津实报	郭学正	天津广兴大街内张公校派报社旁		日刊				

（续上表）

名称	负责人	地址	创刊期	刊期	已出号数	每份定价	每份张数	大小报纸
农民呼声	裴清正			日刊				
民强报	刘树平			日刊				
复兴报	丁当谏			日刊				
燕报	范汝贤 魏宗枢				10			
时闻简报	张桂藩			日刊				
河北民声日报	刘平之			日刊				
天津实言报	沈剑影			日刊				
中华新闻	管孟仁	天津东马路袜子胡同36号		日刊				

青岛市

名称	负责人	地址	创刊期	刊期	已出号数	每份定价	每份张数	大小报纸
青岛民报	杨兴勤	福建路38号	1930年2月1日	日刊	1 580	每月1元	2张	对开纸
青岛晨报	王景西	芝罘路40号		日刊				
青岛时报	尹朴齐	兰州路17号		日刊			2张半	对开纸

（续上表）

名称	负责人	地址	创刊期	刊期	已出号数	每份定价	每份张数	大小报纸
青岛日报	冯善亭	热河路新19号		日刊			1张半	对开纸
光华日报	马起东	博山路67号		日刊				
新青岛报	姚公凯	河南路71号		日刊			1张	对开纸
青岛平民日报	张乐古	肥城路2号		日刊	3 029	每月1元	3张	对开纸
大中日报	胡博泉	胶州路21号	1930年12月	日刊	1 072	3分	1张	对开纸
青岛公报	邹学藩	禹城路6号		日刊			1张	对开纸
青岛快报	张道村	观城路南首	1929年8月	日刊	1 677	1分	1张	八开纸
正报	吴炳宸	肥城路17号		日刊			3张	
胶济日报	王天生	广西路33号		日刊				
磊报	刘缄三	滕县路21号		日刊				
工商新报	邓洗元	安徽路1号		日刊				
胶东晚报	吴明溪	观象路8号		日刊				
胶澳日报	陈无我	虞城路3号		日刊				
平民报		肥城路2号		日刊			1张	对开纸

（续上表）

名称	负责人	地址	创刊期	刊期	已出号数	每份定价	每份张数	大小报纸
青岛自治周刊		市政府自治筹备会		周刊				

广州市

名称	负责人	地址	创刊期	刊期	已出号数	每份定价	每份张数	大小报纸
广州日报	刘重明	广州长寿东路36号		日刊			3张	对开纸
广州市民日报	黄欣	广州光复路		日刊				
公评报	钟超群	广州大平北路1173号		日刊			3张	对开纸
广州共和报	宋季辑	广州市光复中路36号		日刊				
越华报	陈柱亭	广州市光复中路		日刊				
现象报	陈柱亭	广州市光复中路	1920年	日刊	3 910	5分	2张	对开纸
七十二行商报	罗啸璈	广州市光复中路74号		日刊				
大华晚报	陈天民	广州市光复中路190号		日刊				
星华日报	胡资周	广州汕头市新马路		日刊				
公道报	陈通	广州市上九路		日刊				
国华报	周琦	广州市光复中路76号		日刊			2张	对开纸

（续上表）

名称	负责人	地址	创刊期	刊期	已出号数	每份定价	每份张数	大小报纸
大报	张天威	广州市光复中路136号		日刊				
新国华报	骆侠挺	广州市光复中路151号		日刊				
广州民国日报	程壁全	广州市光复中路79号		日刊			4张	对开纸
广州民报		广州长寿东路12号		日刊				
司法日刊		广州市光复中路153号		日刊			2张半	对开纸

湖南省

名称	负责人	地址	创刊期	刊期	已出号数	每份定价	每份张数	大小报纸
湖南民国日报	陈介石	长沙高升巷		日刊			2张半	对开纸
湖南国民日报	凌璋	皇仓坪42号		日刊			2张	对开纸
湖南全民日报	李先孝	长沙顺星桥		日刊			1张半	对开纸
湖南大公报	龙彝	长沙仓后街湘清里9号		日刊			2张	对开纸
长沙市民日报	左学濂	长沙仓后街	1930年秋	日刊	1 600	每月九角	1张	对开纸
湖南通俗日报	朱肇干	长沙理问街		日刊			1张	对开纸
霹雳报	唐伯球	长沙仓后街湘清里9号	1931年冬	日刊	1 369	一分四厘	1张	四开纸

（续上表）

名称	负责人	地址	创刊期	刊期	已出号数	每份定价	每份张数	大小报纸
衡阳国民日报	罗孝基	衡阳学前街		日刊			1张	四开纸
桃源国民日报	宋振律	桃源县党部		日刊			1张	四开纸
桃源通俗报	李绩	桃源城马号街		日刊			1张	四开纸
湖南妇女日报	曾宝荪	长沙新安巷		日刊			1张	四开纸
邵阳日报	夏希贤	邵阳县党部		日刊			1张	四开纸
安化民报	廖世龙	湖南安化县党部	1930年1月22日	三日刊	785	每月1角	1张	四开纸
溆浦民报	唐顺生	溆浦县考棚巷县党部		二日刊			1张	四开纸
岳阳民报	周涤宇	岳阳县城提署街岳阳县党部内		二日刊			1张	四开纸
芷江民报	杨舫 何培远	芷江县党部		二日刊			1张	四开纸
沅陵民报	谢鸿实	湖南沅陵县党部内		二日刊			1张	四开纸
长沙正报	熊雄	长沙皇仓坪		三日刊			1张	四开纸
前锋报	缪昆山	长沙学宫街		三日刊			1张	四开纸
小小报	陈士棻	长沙仓后街		三日刊			1张	四开纸
黔阳民报	潘盛圭	黔阳县党部		三日刊			1张	四开纸

（续上表）

名称	负责人	地址	创刊期	刊期	已出号数	每份定价	每份张数	大小报纸
长沙夜报	柳煜 万天石	长沙北门正街		三日刊			1张	四开纸
湘声晚报	李醒安	长沙仓后街湘清里		三日刊			1张	四开纸
来阳民报	曾杰	来阳县党部		三日刊			1张	四开纸
长沙市晚报	李醒安	长沙北正中街		三日刊			1张	四开纸
卡麦斯报	朱德龄	长沙府后街德福里		三日刊			1张	四开纸
晚晚报	魏振邦	长沙储备仓市商会		三日刊			1张	四开纸
湘江晚报	毛凤祥	长沙犁头后街1号	1931年4月7日	日刊	662	2分	1张	四开纸
湖南晚报	陈德基	长沙荷池路西		三日刊			1张	四开纸
成报	伍斌	长沙大东茅巷丰泉古井		三日刊			1张	四开纸
衡山通俗报	彭忠	衡山孔子庙内		三日刊			1张	四开纸
楚声报	宾敏该	长沙药王街		三日刊			1张	四开纸
醴陵民报	刘师陶	醴陵县党部		五日刊			1张	四开纸
长沙渌江星报	廖策群	长沙万庆街		五日刊			1张	四开纸
华容民报	断平	华容县城北门县党部		周刊			1张	四开纸

（续上表）

名称	负责人	地址	创刊期	刊期	已出号数	每份定价	每份张数	大小报纸
永顺民报	李逾凡	永顺县党部		周刊			1张	四开纸
铭新日报	彭石钧	湖南长沙紫东园2号		日刊			1张	四开纸
平江民报	断椒	湖南平江君子巷		日刊			1张	四开纸
辰溪民报	刘瑛光	湖南辰溪县上南门		五日刊			1张	四开纸
石门三日刊	覃遵涤	石门县旧学署		三日刊			1张	四开纸
酃县民报	张艺	湖南酃县党部内		五日刊			1张	四开纸
泸溪民报	杨君可	泸溪县区党部内		三日刊			1张	四开纸
新宁民报	何孚明	新宁县党部内		五日刊			1张	四开纸
长沙民报	陈士棻	长沙皇殿坪昌明印刷馆		五日刊			1张	四开纸
浏阳日报	谢盛鸿	浏阳西正街教育局内		日刊			1张	四开纸
汝城民报	朱兆基	汝城县党部		三日刊			1张	四开纸
蓝山民报	万汝辑	蓝山东正街		五日刊			1张	四开纸
沩宁新报	刘振圭	长沙望鹿园宁乡试馆		三日刊			1张	四开纸
湖南乐群报	曹云溪	长沙府正街		半周刊			1张	四开纸

（续上表）

名称	负责人	地址	创刊期	刊期	已出号数	每份定价	每份张数	大小报纸
绥宁民报	王生浚	绥宁县城内	1931年12月	周刊			1张	四开纸
东安民报	邓春林	东安县城内		三日刊			1张	四开纸
道县民报	吴家咏	道县城内旧考棚		日刊			1张	四开纸
西路军日报	何浩若	长沙藩街旧藩属		日刊			1张	四开纸
安仁民报	唐继志	安仁县党部		四日刊			1张	四开纸
剿匪三日刊	凌琦	湖南赣粤湘鄂剿匪军西路第三纵队司令部		三日刊			1张	四开纸
湖南治平日报	唐孟澧	长沙接贵街47号		日刊			1张	四开纸
长沙小报	陈华	长沙府水街109号		日刊			1张	四开纸
大晚报	唐耀章	长沙理问街		三日刊			1张	四开纸
南狱日报	欧阳秉钧	长沙市流水沟		三日刊			1张	四开纸
醴陵渌江星报	廖策群	醴陵东城廖祠					1张	四开纸
现代日报		长沙仓后街		日刊			1张	四开纸
祁阳报		祁阳县党部		日刊			1张	四开纸

（续上表）

名称	负责人	地址	创刊期	刊期	已出号数	每份定价	每份张数	大小报纸
湘潭民报		湘潭育婴街		日刊			1张	四开纸
常德民报		常德县党部		日刊			1张	四开纸
常德大公报		常德神武寺2号		日刊			1张	四开纸
澧县民报		澧县正街长寿井		二日刊			1张	四开纸
湘西新报		洪江市龙船冲巷		日刊			1张	四开纸
魔笛报		湖南邵阳上东直街		三日刊			1张	四开纸
新闻夜报	柳德成	长沙顺星桥		三日刊			1张	四开纸
晨光		长沙金弥街		三日刊			1张	四开纸
永明民报		长沙求明学前街		三日刊			1张	四开纸
沅江民报		湖南沅江县党部		三日刊			1张	四开纸
桂阳民报		桂阳公园内		三日刊			1张	四开纸
宁远民报	欧阳翔	宁远城内濂溪祠	1929年	五日刊		每月1角7分	1张	四开纸
资兴民报	钟述孙	资阳县财政局		五日刊			1张	四开纸
安乡民报	吴守铣	安乡县党部		五日刊			1张	四开纸

（续上表）

名称	负责人	地址	创刊期	刊期	已出号数	每份定价	每份张数	大小报纸
新化民报		新化县党部		周刊			1 张	四开纸
永兴商报		永兴图书馆		周刊			1 张	四开纸
常宁民报	崔智	常宁县党部		周刊			1 张	四开纸
茶陵民报		茶陵县党部		周刊			1 张	四开纸
南县民报		湖南南县党部		周刊			1 张	四开纸
晃县周报	唐明卿	晃县县党部		周刊	160	赠阅		四开纸

四川省

名称	负责人	地址	创刊期	刊期	已出号数	每份定价	每份张数	大小报纸
重庆商务日报	彭琴谱	四川重庆市商业场大街	1914 年	日刊	7 335	4 分	3 张	对开纸
四川权舆日报	徐佑弇	四川重庆萧家凉亭富记小院	1933 年	日刊	656	3 分半	2 张	对开纸
民强日报	毛畅熙	四川重庆售珠市 53 号	1932 年 6 月 1 日	日刊	663	2 分	1 张	四开纸
重庆巴蜀日报	黄绶	四川重庆杨柳街 72 号		日刊				
大江日报	李星枢	重庆公园路 19 号	1933 年	日刊	677	3 分半	2 张	对开纸
万州日报	谢勉生	万县市文明路	1930 年	日刊	1 943	3 分半	2 张	对开纸

（续上表）

名称	负责人	地址	创刊期	刊期	已出号数	每份定价	每份张数	大小报纸
四川晨报	周开庆	四川重庆长安寺街4号	1930年	日刊	1 800	3分半	2张	对开纸
嘉陵江日报	黄子裳	四川巴县北碚乡缙云路	1934年	日刊	307	2分	2张	四开纸
新蜀报	袁承武	四川重庆商业场西山街14号	1923年	日刊	4 482	3分半	2张	对开纸
重庆快报		重庆公园路	1934年	日刊	389	2分	1张	对开纸
成都国民日报	马瑶笙	成都春熙路中段	1929年	日刊	2 123	3分半	2张	对开纸
社会日报	刘静修	成都春熙路	1933年	日刊	6 444	3分	3张	四开纸
成都明是日报	张吉生	成都悦来商场	1924年	日刊	4 152	2分半	2张	四开纸
国民公报	李澄波	四川成都提督东街107号	1913年	日刊	7 847	3分半	3张	四开纸
重庆济川公报	郭昌明	重庆公园路	1931年	日刊	1 324	3分	2张	对开纸
川报	魏廷波	成都锦华馆	1915年	日刊	7 242	3分半	2张	对开纸
成都快报	方正华	成都春熙东路	1927年	日刊	3 072	3分半	2张	对开纸
新新新闻报	马秀峰	成都春熙东路	1929年9月1日	日刊	1 708	5分	2张	对开纸
新川西北日报		三台城内大十字	1930年	日刊	1 729	2分	2张	四开纸
新川南日报		宜宾公园内	1934年	日刊	356	1分半	1张	四开纸

（续上表）

名称	负责人	地址	创刊期	刊期	已出号数	每份定价	每份张数	大小报纸
华西日报		成都新街后巷子	1934 年	日刊	332	3 分半	4 张	四开纸
建设日报		成都福兴街	1934 年	日刊	297	2 分	2 张	四开纸
嘉渠日报		南充大北街	1934 年	日刊	289	2 分	1 张	四开纸
釜溪日报		自流井三圣桥	1934 年	日刊	169	2 分	1 张	四开纸
四川晚报	叶楚材	重庆劝工局街 106 号		日刊			1 张	四开纸
重庆新民日报	吴毅候	重庆商业场街 37 号		日刊			1 张	四开纸
成都新闻报	鲁哭俗	成都北新街 1654 号		日刊			1 张	四开纸
西方夜报	曹仲英	成都春熙路	1933 年 7 月 4 日	日刊	520	每月 5 角	1 张	对开纸
绥定公报	张仲孝	绥定西门内白衣庵		二日刊			2 张	对开纸
泸县民报	黄亚伯	泸县治平路县指委会	1926 年 2 月	日刊	2 080	每月 6 角	1 张	对开纸
新岳池报		岳池县城内中南街		二日刊			1 张	四开纸
渠县公报		四川渠县上正街 28 号		三日刊			1 张	四开纸
开县公报		开县中山公园		三日刊			1 张	四开纸
新古兰周刊		古兰县城隍庙		周刊			1 张	四开纸

（续上表）

名称	负责人	地址	创刊期	刊期	已出号数	每份定价	每份张数	大小报纸
渝江晚报	张叙伦	重庆劝工局街104号	1930年1月	日刊	1 200	1分	1张	四开纸
重庆晚报	赖健君	重庆米花街酒帮公所	1928年10月20日	日刊	2 368	2分	1张	四开纸

云南省

名称	负责人	地址	创刊期	刊期	已出号数	每份定价	每份张数	大小报纸
昆明市民日刊	饶继品 包榕	云南昆明市光华街144号		日刊			1张	四开纸
民生日报	李光西	云南昆明市二纛街60号		日刊			1张	四开纸
云南新报	邓质彬	云南昆明市东寺街144号		日刊			1张	对开纸
云南新商报	王谱仙	云南昆明市福照街市商会		日刊			1张	对开纸
云南均报	段奇僧	云南昆明市绣衣大街61号		日刊			1张	对开纸
云南义声日报	李钜裁	云南铁局巷		日刊			1张	对开纸
民众公论社	林铮	云南昆明市大东城脚12号		周刊			1张	四开纸
云南社会新报	冯聚星	云南昆明市文明街6号		日刊			1张	四开纸
云南复旦日报	杨宝昌	云南昆明升平波永历帝碑侧		日刊			1张	对开纸

（续上表）

名称	负责人	地址	创刊期	刊期	已出号数	每份定价	每份张数	大小报纸
个旧曙光报	苏继尹	云南省个旧县党部	1931 年 11 月 1 日	三日刊	140	每月 2 元（滇票）	1 张半	对开纸
开远国民周报	孙秉椎	云南开远县党务指委会		周刊			1 张	四开纸
云南民国日报	段雄飞	云南昆明		日刊			2 张	对开纸
大无畏吧报		云南大士至庙门前左		日刊			1 张	对开纸

贵州省

名称	负责人	地址	创刊期	刊期	已出号数	每份定价	每份张数	大小报纸
新黔日报	钱慎哉	贵州贵阳市		日刊			2 张	
民众日报	贾如东	贵州贵阳		日刊			1 张	

广西省

名称	负责人	地址	创刊期	刊期	已出号数	每份定价	每份张数	大小报纸
桂林日报	李景周	广西桂林县中山街	1934 年 9 月	日刊	120	每月毫币 1 元	2 张	对开纸
南宁民国日报	潘宜之	广西南宁共和路 67 号	1924 年 10 月	日刊	3 150	每月毫币 1 元	3 张	对开纸

（续上表）

名称	负责人	地址	创刊期	刊期	已出号数	每份定价	每份张数	大小报纸
梧州日报	任敏	广西梧州文化里2号	1934年8月	日刊	152	每月毫币1元	2张	对开纸
郁林民国日报	邓缨琦	广西郁林城内东门街		日刊			1张	对开纸
百色日报	陈汉流	广西百色县中兴街92号	1934年10月	日刊	102	每月毫币6毛	1张	四开纸
梧州大公报	黄剑父	梧州南环路西12号	1931年7月	日刊	1 200	每月毫币1元	2张	对开纸
镇南日报	龙振济	广西龙州圩尾街53号	1934年10月	日刊	104	每月毫币6毛	1张	四开纸
平乐三日刊		平乐北横街11号	1934年12月	三日刊	58	每月毫币2毛	1张	四开纸

广东省

名称	负责人	地址	创刊期	刊期	已出号数	每份定价	每份张数	大小报纸
高州民国日报	古绍颐	广东茂名县城中山路		日刊			1张半	对开纸
汕报	张怀真	汕头万安横街4号	1929年10月10日	日刊	1 848	5分	2张半	对开纸
梅县日日新闻	熊伟	广东梅县县党部		日刊			1张	四开纸
兴宁时事日报	何私心	兴宁城内学前街96号		晚刊			1张	对开纸

（续上表）

名称	负责人	地址	创刊期	刊期	已出号数	每份定价	每份张数	大小报纸
五邑民权日报	陈仲衡	广东江门新街12号		日刊		每月1元	2张	对开纸
潮安大光日报	张病叟	潮英聚巷17号		日刊				
新会民众日报	谭守尘	新会县城南门外		日刊				
汕头日报	洪春修	汕头市新马路25号		日刊				
民意日报	潘卫民	广东清远清城南门大街		日刊				
潮安新报	林忠	潮安县羊玉巷	1933年6月16日	晚刊	435	2分	1张	四开纸
雷州民国日报	王元亮	海康县柳絮街		日刊				
揭阳民国日报	林象鼎	揭阳县党部		日刊				
闻平日报	黄菊圃	长沙埠高地路		日刊				
汕头民声日报	谢伊唐	汕头永安街		日刊				
汕头国闻报	陈嘉修	汕头五福马路47号		日刊				
侨声日报	蔡削夫	汕头新马路36号		日刊				
徵报	杨懋修	汕头市外马路198号		三日刊				
汕头镜报	管伟民	汕头福平路33号		三日刊				

（续上表）

名称	负责人	地址	创刊期	刊期	已出号数	每份定价	每份张数	大小报纸
汕头诚报	曾逸民	汕头信安街二号		三日刊				
汕头新岭东日报	张凌云	汕头升平马路	1931年1月	日刊	1 050	4分	2张	对开纸
两阳新民日报	关顾	广东阳江县城南思路口		日刊				
曲江民国日报	余竹籁	韶州平治巷		日刊				
岭东民国日报	吴梓芳	汕头东马路永平里	1926年1月20日	日刊	2 600	每月1元	3张	对开纸
清远日报	温达	广东清远上廓街		日刊				
海口市党务周报	蔡刚勖	海口市党部		周刊				
民众日报	马恩普	台山城台山路		日刊				
台山民国日报	梅渭泉	台山城县前路		日刊				
台山南华日报	谭炳和	台山县城环城西路		日刊				
恩开时报	张侠民	广东开平长沙埠高地路		日刊		5分	1张	对开纸
南海民国日报		广东佛山福禄里		日刊				
电白县党部周刊		广东电白县党部		周刊				
琼崖民国日报		广东海口得胜路		日刊				

（续上表）

名称	负责人	地址	创刊期	刊期	已出号数	每份定价	每份张数	大小报纸
新建设报		广东潮安铁巷黄家祠		日刊				
潮安商报	陈倬彼	潮安县开元寺内	1933 年 3 月 3 日	日刊	523	铜元 6 枚	1 张	对开纸

福建省

名称	负责人	地址	创刊期	刊期	已出号数	每份定价	每份张数	大小报纸
华侨日报	杨元通	福建厦门厦禾路	1932 年	日刊	704	每月 1 元	2 张	对开纸
漳江日报	沈镇五	福建漳州龙眼营 92 号		日刊			1 张	对开纸
新民日报	郑之翰	福建龙溪县给事巷 5 号	1929 年	日刊	1 220	每月 5 角	1 张	对开纸
北闽导报	顾访白	福建延平	1933 年 1 月	三日刊	327	每月 4 角	1 张	四开纸
江声日报	许荣智	厦门市	1918 年	日刊	5 250	2 分 5 厘	2 张	对开纸
福建民报	刘正华	福建福州南街虎节路 22 号	1928 年 11 月 1 日	日刊	2 163	4 分	2 张半	对开纸
南方日报	吴玉衡	福州	1934 年 8 月 1 日	日刊	204	2 分	2 张	对开纸
求是日报	陈工规	福州	1919 年	日刊	5 497	2 分	2 张	对开纸
思明商学报	林廷栋	厦门	1933 年 1 月	日刊		2 分	2 张	对开纸
泉州日报	秦望山	泉州	1929 年	日刊		2 分	1 张	对开纸

（续上表）

名称	负责人	地址	创刊期	刊期	已出号数	每份定价	每份张数	大小报纸
国民日报	吴春晴	泉州	1933年2月	日刊		2分	1张	对开纸
复兴日报		漳州	1934年5月	日刊		2分	1张	对开纸

河南省

报名	负责人	地址	报名	负责人	地址
河南民国日报	杨一峰	省党部	郑州日报		郑州
河南民报	方其道	开封	华北民声日报		新乡
大豫日报	王绍宣	开封	豫北日报	张清澄	新乡
河洛日报	许振黄	洛阳			

山东省（青岛市在外）

报名	负责人	地址	报名	负责人	地址
山东民国日报		济南	晨光报	任筱青	济南
山东日报	王育民	济南	华北新闻	赵日强	济南
东鲁日报	毕雪珍	济南	东海日报		烟台
历下新闻		济南	黄海潮报		威海卫

河北省

河北省因平津两市大报林立，地方新闻似更难以发展。原调查列“一小张”者两种，未详者四种。据中宣会二十三年二月所编《全国报纸暨通讯社一览》，该省已领登记证者，报纸仅邢台之《醒民日报》一种（小张）；核办中者，有十六县报社十七家。

山西省

报名	负责人	地址	报名	负责人	地址
晋阳日报	梁俊耀	太原	山西日报	刘建琈	
太原日报		太原	（太原尚有《民国日报》等六种未详）		

陕西省

报名	负责人	地址	报名	负责人	地址
西京日报		西安	西北文化日报	宋琦云	西安
新秦日报		西安	西安日报		西安
民生日报		西安			

察哈尔、绥远省

报名	负责人	地址	报名	负责人	地址
察省民国日报		张家口	绥远民国日报	陈国英	归绥
绥远日报	张策	新城			

甘宁青及新疆之日报

甘肃、宁夏、青海、新疆各省，僻处西北，交通不便，纸张及排印均感困难，因此原调查中，竟未能发现注明“一大张”者。兹原书所有报名全行录出，以供注意西北问题者检阅。

报名	负责人	地址	报名	负责人	地址
甘肃民国日报		甘肃皋兰	新宁日报		宁夏党务特派员办事处
西北新闻日报		甘肃皋兰	青海民国日报		青海党务特派员办事处
新陇日报		甘肃平凉	青海日报		省政府
陇南民声日报	刘希古	甘肃天水	新青海日报	龚瑾	西宁
宁夏民国日报		宁夏党务特派员办事处	天山日报	刘光汉	迪化

香港

报名	负责人	地址	报名	负责人	地址
大光报		中环善庆街	香港时事晚报		士丹利街
南强报		荷里活道	华字日报		威灵顿街
工商日报		德辅道中	华侨日报		荷里活道
南华日报		中环荷里活道	南中报晚刊		荷里活道

（续上表）

报名	负责人	地址	报名	负责人	地址
东方日报		中环荷里活道	南中报晨刊		荷里活道
循环日报		歌舞街	工商晚报		德辅道中
新中日报		砵甸乍街	东亚报	林石林	摆花街
超然报		威灵顿街	平民报	黄浩然	摆花街
中兴报		结志街	公论报	李敬尘	云咸街
天南日报		中环荷里活道	真光报		

海外各地华侨日报

报名	负责人	地址	报名	负责人	地址
自由新报	张金城	檀香山	民国日报	吴景盛	暹罗
民声日报	陈朔竞	古巴	公报	余舜	雪梨
公理报	戴金华	马尼剌	南洋商报	侯西反	星嘉坡
美洲国民日报	朱贯日	三藩市	中华日报	侯俊	模里斯
中西日报	伍子衔	三藩市	民报	叶胎东	苏门答腊
澳洲民报	刘子谦	雪梨	新中华日报	丘卫村	苏门答腊

（续上表）

报名	负责人	地址	报名	负责人	地址
中华公报	陈杨	檀香山	华侨商报	黄叔优	模里斯
民报	李陶民	安南	新报	谢左舜	巴城
民气日报	余俊侠	纽约	新民国报		加拿大
华侨日报	陈漫郎	安南	大汉公报		加拿大
新国民日报	张叔耐	星嘉坡	洪钟时报		加拿大
星洲日报	林蔼民	星嘉坡	中国日报		纽约
醒华晨报		加拿大	民国报		雪梨
中华民报		暹罗	中华商报		尖美架
天声日报	吴伟康	巴城	公言报		秘鲁
侨声日报		南非洲	华侨日报		暹罗
公论晨报		三藩市	兴商日报	陈如成	仰光
金山时报		三藩市	觉民日报	黄壬戌	仰光
三民晨报		芝加哥	益群报	谢文进	吉隆坡
民国日报		星嘉坡	光华日报	刘维民	槟榔屿

（续上表）

报名	负责人	地址	报名	负责人	地址
民醒日报		秘鲁	晨钟日报	白洪升	暹罗
共和报		巴拿马	华文商报	黄仁和	古巴
少年中国晨报		三藩市	开明公报	林荣石	古巴
总汇新报	何德如	星嘉坡	时报	潘良义	巴城
大公商报	叶世昌	泗水	大公商报		泗水
东华报		雪梨	每日电报		泗水
中国日报		安南	侨声		伦敦
公理报	陈天扶	马尼剌	新闽日报		马尼剌
民声报	周益俊	锡江	民众周刊		星嘉坡
了报		星嘉坡			

附录二：抗战胜利后中国重要城市报纸一览表

（民国三十六年一月）*

南京市报刊

名称	负责人	刊期	名称	负责人	刊期
中央日报	马星野	日刊	新民报	陈铭德	日刊
和平日报南京版	黄少谷	日刊	朝报	王公弢	日刊
大纲报南京版	毛健吾	日刊	大道报	萧作霖	日刊
救国日报	龚德柏	日刊	南京日报	乔一凡	日刊
中国日报	张一寒	日刊	新中华日报	孙慕迦	日刊
大甲日报	金嘉裴	日刊	群报	杨绩荪	日刊
建设日报	李景芳	日刊	风报	周天籁	日刊
益世报	朱亦未	日刊	英文导报	李炳瑞	日刊
南京人报	张友鸾	日刊	中国新闻日报	马伯超	日刊
南京早报	王若曦	日刊	首都晚报	唐少澜	晚刊
中国评论日报	王乃昌	日刊	南京新民报晚刊	陈铭德	晚刊
华报	王慎武	日刊	南京晚报	张有鹤	晚刊

* 摘自赖光临《七十年中国报业史》。

（续上表）

名称	负责人	刊期	名称	负责人	刊期
社会日报	龙志云	日刊	大夏晚报	谢鸣雄	晚刊
济世日报	覃秦	日刊	金陵晚报	吴斌	晚刊
观察报	陈孝威	日刊	理教报	王有才	三日刊
南京工商日报	钱贯之	日刊	新时报	穆庆山	三日刊
中华理报	李景周	日刊	正谊报	卜绍周	三日刊
大华日报	江丐丘	日刊	工商新闻周刊	吕健	周刊
论坛报	李雪荔	日刊	大言报	甘韩	周刊
中国军人周刊	魏希文	周刊	民意报周刊	刘震	周刊
社会新闻	黄早阳	周刊	民间报周刊 南京版	丁秋	周刊
劳工报	李鸿儒	周刊	中华新报	戴戡武	
民力周报	寿松园	周刊	诚报	汪振立	
中兴周报	赵锦华	周刊	中国时报		

上海市报刊

名称	负责人	刊期	名称	负责人	刊期
上海中央日报	冯有真	日刊	时事新报		日刊
和平日报	万德涵	日刊	东南日报	胡健中	日刊
大公报	李子宽	日刊	世界晨报	来风声	日刊
新闻报	程沧波	日刊	中法日报	汪岱玺	日刊

（续上表）

名称	负责人	刊期	名称	负责人	刊期
申报	潘公展	日刊	自由论坛	洪昌年	日刊
循环报	张祥麟	日刊	市民日报	葛福田	日刊
时代日报	匝开莫	日刊	上海诚报	李浮生	日刊
南方日报上海版	闻佛九	日刊	济世日报	覃秦	日刊
商务报	杨培新	日刊	金融导报	何尹仁	日刊
国民午报	叶元	日刊	英文每日新闻	匝开莫	日刊
新民报	陈铭德	日刊	民权新闻上海版	周炎充	日刊
文汇报	严宝礼	日刊	活报	王徵君	日刊
俄文日报	祀利金	日刊	联合日报	刘尊棋	日刊
沪报	林尹	日刊	大陆报（英文）	顾善昌	日刊
铁报	毛子佩	日刊	大风报	金宝仁	日刊
儿童日报	黄一德	日刊	强报	梁华	日刊
工商新闻画报	张常人	日刊	侨声报	朱培璜	日刊
上海自由西报	东全	日刊	上海民报	刘慕耘	日刊
苏报	金濂泉	日刊	飞报	郭永煦	日刊
正言报	吴绍澍	日刊	民国日报	胡朴安	日刊
上海商报	骆清华	日刊	大华晚报（英文）	史带	晚刊
立报	严谔声	日刊	大英夜报	翁率平	晚刊
中美日报	吴任沧	日刊	联合日报晚刊	王纪华	晚刊

（续上表）

名称	负责人	刊期	名称	负责人	刊期
华美晚报	张志韩	晚刊	上海晚报	章苍萍	晚刊
新闻夜报	程沧波	晚刊	沪风	李永祥	五日刊
新夜报	潘公展	晚刊	密勒氏评论报（英文）	威廉·鲍威尔	周刊
上海夜报	郑子良	晚刊	儿童世纪报	曹吼	周刊
粤侨报	宁斯理	三日刊	青年中国周刊	刘东岩	周刊
今报	周裴成	日刊	新浦东周报	王艮仲	周刊
太平洋新闻报	赵之诚	日刊	海星周报	沈哲民	双周刊
学生日报	王学哲	日刊	前线日报	马树礼	
新生活报	顾力士	日刊	剧报	蔡光德	
字林西报	R. W. Davis	日刊	影剧日报		
中华时报	左舜生	日刊			
正言周报	吴绍澍		辛报	宓季方	
大英晚报			益世报上海版	刘航琛	
英文新闻	沈惟泰	周刊	上海每日译报		
行总周报	沈惟泰	周刊	罗宾汉剧新闻	邱馥馨	
天文台周报	陈孝威	周刊	小声报	郑秋	
联合周报	王纪章	周刊	国际新闻画报		

北京市报刊

名称	负责人	刊期	名称	负责人	刊期
京报	邵汤修慧	日刊	大道报	萧作霖	日刊
北平小报	赵西庚	日刊	平民日报	崔载之	日刊
北平人报	汪守一	日刊	民强报	周正公	日刊
儿童报	韩士智	日刊	世界日报	成舍我	日刊
纪事报	孔毅儒	日刊	工人报	张子扬	日刊
华北日报	张明炜	日刊	北平全民报	张兴周	日刊
正义报	黄觉兆	日刊	民语报	刘漪泉	日刊
新生命日报	李世义	日刊	北平晚报	季乃时	晚刊
北平晨报	陈襄言	日刊	国民新晚晚刊	贺次君	晚刊
新中国报	于纪梦	日刊	一四七画报	吴宗祜	三日刊
北平新民报	陈铭德	日刊	我的报三日刊	高介民	三日刊
北平大华报	刘馥齐	日刊	北平日报	季廼时	日刊
导报	陈北鸥	日刊	大学周报	郑学纯	周刊
新建设日报	黄崙	日刊	中国新闻		
新生日报	李诚毅	日刊	北平新报	窦培恩	日刊
北平日报	曹敏	日刊	经济时报	刘大钧	日刊
剧影日报	张毅夫	日刊	国民新报	贺次君	日刊
北平时报	李潭民	日刊	北平市民日报	邹鸿海	日刊
大同民报	张建同	日刊	世界晚报	成舍我	晚刊

（续上表）

名称	负责人	刊期	名称	负责人	刊期
晴雨画报	买希天	二日刊	利群周报	黄健生	周报
北平华报	曹乃文	三日刊	燕京新闻	蒋荫恩	周刊
戏世界三日刊	叶子贤	三日刊	大同新闻		
商业日报	尹群	日刊			

天津市报刊

名称	负责人	刊期	名称	负责人	刊期
大公报	曹谷冰	日刊	民生报道	刘学威	日刊
国风报	张化南	日刊	天津俄文日报	威力根	日刊
天津民国日报	卜青茂	日刊	大中华商报	萧润波	日刊
天津大中时报	徐余生	日刊	三津街报	黄涛	日刊
北平时事日报天津分版（英文）	梁宝和	日刊	益世报	刘益	日刊
华北汉英报	宋基友	日刊	天津青年日报	李东序	日刊
中华日报	齐协民	日刊	时代晚报	王洪铨	晚刊
天津午报	刘铁庵	日刊	天津新生晚报	李清贤	晚刊
新世界日报	难萨阔夫	日刊	天津中华晚报	袁润之	晚刊
新时报	王润秋	日刊	天津民国日报画刊	卜青茂	
中南报	张幼丹	日刊	钢报	吴卫泉	日刊

（续上表）

名称	负责人	刊期	名称	负责人	刊期
天津工商日报	左苏	日刊	我们话报	瑞赤·考克夫	日刊
天津建国日报	钟石奇	日刊	商务日报	李东序	日刊
服务报	陈加	日刊	大华晚报	齐协民	晚刊
中国人报	詹幼庭	日刊	自由晚报	何剑心	晚刊
天津大陆新闻报	张剑华	日刊	天津民国日报晚刊	卜青茂	晚刊
社会日报	蒋明德	日刊	天津英文晚报	瑞格德	晚刊
新星报	张师贤	日刊			

汉口市报刊

名称	负责人	刊期	名称	负责人	刊期
大刚报汉口版	刘人熙	日刊	宪政报	王慕诚	日刊
武汉日报	宋漱石	日刊	中华人报	杨平农	日刊
华中日报	袁雍	日刊	复兴报	施子寿	日刊
新湖北日报	刘荣俊	日刊	工人报	黄华山	日刊
和平日报汉口版	刘威凤	日刊	武汉日报晚刊	宋漱石	晚刊
大同日报	陶尧階	日刊	新快报晚刊	万克哉	晚刊
正义报	魏予珍	日刊	汉口报	郎维汉	日刊
武汉时报	戴震	日刊	武汉商报	张楚信	日刊
时代日报	刘叔模	日刊	宜报	李言三	日刊

（续上表）

名称	负责人	刊期	名称	负责人	刊期
新快报	万克哉	日刊	星期日报	陈济民	日刊
汉口导报	何颖扶	日刊	民族日报	程朗青	日刊
舆论报	邹晓丹	日刊	大中华晚刊	张立鹤	晚刊
金刚钻报	陈万清	日刊	大华工商新闻周刊	常奥定	周刊
自由晨报	戴仲明	日刊	汉口人周报	韩一萍	周刊
罗宾汉报	夏国宾	日刊	民风报	徐远明	三日刊
星报	吕寺籁	晚刊	新闻周报	刘怀如	周刊
汉口大华晚报	舒名世	晚刊	中国晨报	李宗理	

重庆市报刊

名称	负责人	刊期	名称	负责人	刊期
中央日报	刘觉民	日刊	新民报	陈铭德	日刊
和平日报	刘威凤	日刊	新华时报	薛树华	日刊
时事新报	张万里	日刊	全力日报	陈正凡	日刊
国民公报	曾通一	日刊	民主日报	唐野涵	日刊
大公报	王文彬	日刊	新蜀夜报	杨丙初	晚刊
新蜀报	杨丙初	日刊	重庆立报	张政之	日刊
世界日报	成舍我	日刊	大公夜报	王文彬	晚刊
益世报	于斌	日刊	中央晚报	刘觉民	晚刊

（续上表）

名称	负责人	刊期	名称	负责人	刊期
华新日报	潘梓年	日刊	重庆夜报	韩永龄	晚刊
西南日报	张廷蛟	日刊	劳声报晚刊	邓发清	晚刊
自由西报	何凤山	日刊	醒华报	李向荣	日刊
凯旋日报	张锡君	日刊	中国午报	刘俊三	日刊
千字报	郭登敖	日刊	大中日报	郑能	日刊
新闻快报	包直	日刊	文化新报	蒋岱营	日刊
四川妇女日刊	张清如	日刊	新闻类编	俄使馆编译	日刊
万方日报	萧特	日刊	国际新闻画报	李鸿鸣	日刊
工商导报	萧丽光	日刊	重庆人报晚刊	宜善屿	晚刊
文声报	吴小康	日刊	国民公报晚刊	曾通一	专刊
新民报晚刊	陈铭德	晚刊	大美晚报		周刊
民治晚报	陈攸序	晚刊	中央边报	凌纯声	
陪都晚报	胡林	晚刊	三民时报	萧筱仙	三日刊
南京晚报	张友鹤	晚刊	大民周报	俞汀	周刊
金融导报	何伊仁	三日刊	人报周刊	邹隐德	周刊
新闻快报周刊	包直	周刊	平报周刊	王家志	周刊
民呼周报	周天寿	周刊	大华新闻周刊	雷一鸣	周刊
文建周报	李亚蕾	周刊	新闻导报	马汉正	周刊
大同报周刊	金国瑞	周刊	自由时报	许诚	周刊

（续上表）

名称	负责人	刊期	名称	负责人	刊期
文报周刊	马青如	周刊	纵横报	王兴中	周刊
剧影周报	胡大汇	周刊	新闻类编星期周刊（英文）	卫诺德	周刊
保民报	侯极五	周刊	新闻快讯	何兰	
民主报	张澜				

广州市报刊

名称	负责人	刊期	名称	负责人	刊期
中山日报	林伯雅	日刊	公评报	钟超群	日刊
中正日报	王侯翔	日刊	华南日报	李昊	日刊
西南日报	毛子明	日刊	国华报	刘劫余	日刊
青年日报	刘选伟	日刊	中华报	廖献国	日刊
中国报	潘林雄	日刊	平报	张希哲	日刊
世界日报	刘平	日刊	民族日报	黄敏夫	日刊
日新日报	张子丹	日刊	和平日报	黄珍云	日刊
广东英文新报	马力	日刊	光粤报	郑顽玉	日刊
兴报	廖宗明	日刊	每日论坛	丘庆昌	日刊
交通经济日报	苏浴尘	日刊	新生报	凌唤扬	日刊
粤华报	李金石	日刊	民众日报	黎樾廷	日刊
民意日报	毕浩泉	日刊	正言日报	虞春秋	日刊

（续上表）

名称	负责人	刊期	名称	负责人	刊期
力行报	许宏志	日刊	凯旋日报	马有为	日刊
前锋日报	关能剑	日刊	展报	黄剑豪	日刊
天行报	陆成声	日刊	远东图片新闻社	洪江	日刊
凯旋晚报	马有为	晚刊	前锋报晚刊	云公怀	晚刊
时事晚报	刘滇光	晚刊	环球报	侯本珍	晚刊
星报晚刊	梁风	晚刊	探海灯	胡国伟	三日刊
劲报	黎尚恒	三日刊	原子能	陆威声	三日刊
大风报	钟导生	三日刊	小春秋广州分版	程晓华	三日刊
工商画报	赵可		凤凰	萧骅	

（转载自曾虚白《中国新闻史》）

译后记

美国著名记者柏德逊先生是20世纪上半叶活跃于国际传播领域尤其是远东地区的“密苏里邦”的成员。他来自美国密苏里州梅肯市，来华之前曾在《堪萨斯城星报》和美联社工作。1922年9月回国前的三年内，柏德逊担任上海《每周评论》财经新闻编辑和业务经理并在上海圣约翰大学新闻系执教，《中国新闻简史（古代至民国初年）》是期间他对中国新闻事业发展状况观察和研究的成果。

《中国新闻简史（古代至民国初年）》是作者从事中美文化交流和开创中国高等新闻教育事业过程中的产物，它论述了从古代至20世纪20年代中国新闻事业的起源和发展、法律规范、中国报纸的特质、在华外国报刊和中国新闻教育等层面的概况。与同期的相关中国新闻事业的著述相比，柏德逊的《中国新闻简史（古代至民国初年）》有独特的学术价值，而其中译本的出版可谓令人欣喜的事情。需要说明的是，为了对照原著《中国报刊目录》（A List of Chinese Newspaper），译者特意增加了《附录一：抗战前中国及海外华侨报纸一览表（民国二十三年）》、《附录二：抗战胜利后中国重要城市报纸一览表（民国三十六年一月）》，便于读者理解。

感谢暨南大学出版社杜小陆主任、策划编辑史学英先生、责任编辑陈绪泉先生、责任校对王滢老师；感谢本书的外编《广东外语外贸大学学报》编辑部许莲华副编审的辛勤工作；广东外语外贸大学高级翻译学院硕士研究生刘栗杉同学和丁洁同学参与翻译，在此一并致谢。真诚地欢迎读者对《中国新闻简史（古代至民国初年）》中文译本提出批评指正。

王　海

广东外语外贸大学

2012 年 11 月于白云山麓

出版说明

《中国新闻简史（古代至民国初年）》一书是美国著名学者柏德逊教授于1922年撰写的英文作品。作者时任上海《每周评论》编辑并担任上海圣约翰大学新闻系教师。译者和编辑在将其翻译为中文和编辑成册的过程中，发现某些史料引用有误，个别观点欠妥。为尊重原稿原貌，均仍其旧，尚希明鉴。

暨南大学出版社编辑部

2012年11月10日